Tea Time
Clotted Cream
Jam
Tea Time
Clotted Cream
Jam
Tea Time
Clotted Cream
Jam

W0415333

CAROLIN STROTHE

Frau Herzblut

Zauberhafte Herzstücke für Herbst & Winter

Für

Natalie Knauer

Alles Liebe,

Carolin Strothe

– Frau Herzblut –

BUSSECOLLECTION

Idee, Konzept, Rezepte, Styling,
Foodstyling, Fotografien,
Grafische Gestaltung, Printables,
Stickerbogen, Illustrationen, Text,
Satz und Layout: Carolin Strothe

Kreativberatung, Coverfotografie
und Fotografien S. 3 (l. o.), 6, 22,
38, 58, 74 und 96: Sebastian Keitel

Druck und Verarbeitung:
DZS Grafik d.o.o.,
Ljubljana, Slowenien

ISBN 978-3-512-04057-3

www.bussecollection.de

Dieses Buch widme ich
meinem Vater Norbert Strothe (1940–2000).

Inhalt

BINOR

Aus der Fülle des Herzens leben, ist das ganze Geheimnis des Lebens.

Ricarda Huch (1864–1947)

Wenn in der Herbstzeit die Tage kürzer werden, verlagert sich das Leben wieder allmählich mehr nach drinnen, ins kuschelige Zuhause. Dann liebe ich es besonders, in Ruhe die feinen, kleinen Dinge der dunklen Jahreszeit bewusst zu genießen. Ein langer, gemütlicher Nachmittag lässt sich besonders gut mit einer stilvollen Tea Party in vollen Zügen auskosten. Bei ausgiebigen Streifzügen durch den Wald verliebe ich mich in den Herbst und lasse mir seine vielfältigen Schätze schmecken.

Spätestens, wenn der Duft von verführerischen Plätzchen durch das Haus zieht, löst dies bei mir ein herrlich nostalgisches „Weißt-du-noch-damals"-Gefühl aus. Denn von klein auf liebe ich es, in der Küche köstliche Verführungen zu backen und zu kochen. Als Kind hatte ich sogar meine eigene Küchenausstattung, von kleinen Schneebesen, Schüsseln, Backförmchen und einem Nudelholz bis hin zu einer funktionsfähigen elektrischen Kinderkochplatte. In der Adventszeit haben wir als Ritual gemeinsam viele verschiedene Gebäck- und Konfektsorten hergestellt. Neben dem Werkeln in der Küche liebte ich es, in der Natur Schätze wie Blätter oder Kastanien zu sammeln, diese zu kleinen Geschenken zu verwandeln und mit Papier Weihnachtsschmuck zu basteln.

Auch jetzt noch gibt es für mich in der Herbst- und Adventszeit nichts Schöneres, als in voller Vorfreude und mit viel Liebe handgemachte Geschenke in meiner Küche herzustellen. Backen ist ein Liebesbeweis, für den man sich Zeit und Muße nehmen muss. Eine selbst gebastelte Verpackung mit feinstem Naschwerk, verziert mit einer hübschen Schleife, ist ein viel persönlicheres Geschenk als etwas Gekauftes. Es vermittelt dem Beschenkten, dass man sich Gedanken gemacht hat, was er mag und was ihm Freude bereiten könnte.

Im Herbst und Winter bieten sich drinnen viele schöne Anlässe zum Feiern. Die richtige Festtagsstimmung kommt dabei natürlich besonders auf, wenn sich alle Gäste an einer stilvoll gedeckten Tafel versammeln. In gemütlich-warmer Atmosphäre sitzt man bei Kerzenschein zusammen und genießt die gemeinsame Zeit. Meine Liebsten verwöhne ich speziell an Weihnachten gerne mit einem köstlichen Menü und natürlich mit den handgemachten Geschenken.

Mit viel Liebe und Herzblut habe ich für dieses Buch sechs Themenwelten mit meinen Herzstücken für die Herbst- und Winterzeit zusammengestellt. Als passionierte Vintage-Liebhaberin und Swingtänzerin habe ich mich beim Styling zum Teil durch den Charme und die Musik der Swing-Ära der 1930er bis 1950er inspirieren lassen. Als besondere Zugaben beinhaltet dieses Buch einen Stickerbogen mit handgezeichneten Illustrationen sowie ein paar liebevoll gestaltete Bastelbögen (Printables) als PDF-Dateien zum Download (S. 109). Dieses Buch soll als kreativer Begleiter zum Gestalten, Basteln, Backen und Kochen anregen, um Familie, Freunde und sich selbst zu verwöhnen. Denn letztendlich sind es die Kleinigkeiten, die die Summe des Lebens ausmachen, wie Charles Dickens treffend formulierte.

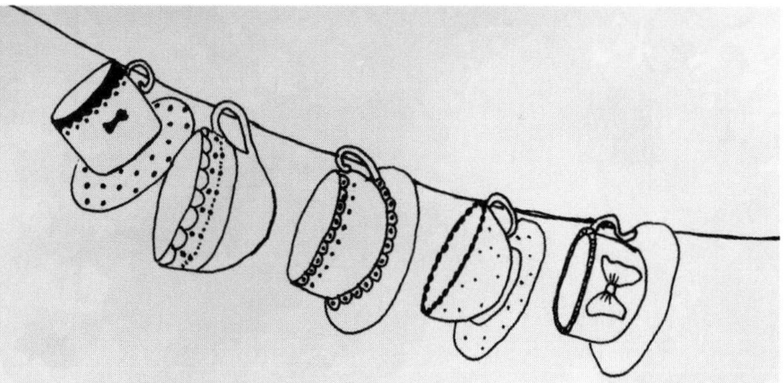

London Tea Party

It's tea time! Wenn sich draußen der Sommer zum Ende neigt und der Garten uns ein buntes Blumenfinale liefert, gibt es nichts Schöneres, als es sich drinnen – wie der Engländer sagt – „cozy" zu machen. Stilvoll, aber mit einer Prise Humor, werden die Liebsten „very British" mit einer fröhlichen Vintage Tea Party verwöhnt. So lässt sich ein langer, gemütlicher Nachmittag mit frisch aufgebrühtem Earl Grey, süßen Versuchungen wie Welsh Cakes und einem zauberhaften Pink Tea Cake sowie herzhaften Snacks wie Veggie Rolls genießen, über den sicherlich auch die Queen „very amused" wäre.

Welsh Cakes

mit getrockneten Erdbeeren & Brombeeren

Meine ersten Backerfahrungen erlebte ich mit einer perfekt ausgestatteten Kinderküche, die sogar eine funktionsfähige elektrische Kinderkochplatte besaß. Die zwei kleinen Herdplatten von der Marke „Maybaum“ waren in den 1970er Jahren sehr angesagt, weil auch Kinder mit ihnen „richtig“ kochen konnten. Noch ganz genau erinnere ich mich an meine erste „Backkreation“. Es war eine Art Pfannkuchen aus Mürbteig, die in einer kleinen Pfanne gebraten und mit Bananenmus serviert wurden. Damals ahnte ich noch nicht, dass diese kleinen Küchlein tatsächlich existieren. In Wales kennt man sie nämlich als „Welsh Cakes“. Im Gegensatz zu Scones werden sie tatsächlich in einer Pfanne ohne Zugabe von Fett gebacken. Dadurch werden die Welsh Cakes außen schön knusprig und innen blättrig-zart. Traditionell werden Rosinen, Zimt und Muskatnuss für den Teig verwendet. Nach dem Backen werden die kleinen Küchlein mit Rohrohrzucker bestreut. Die Welsh Cakes kann man warm oder kalt, pur oder gefüllt genießen. Hier ist meine Lieblingsvariante mit getrockneten Erdbeeren und Brombeer-Sahne-Füllung!

FÜR ETWA 28 STÜCK (Ø 6 CM)

Für den Teig
» 500 g Dinkelmehl, Type 630
» 4 TL Weinsteinbackpulver
» 1 Prise Salz
» 25 g Rohrohrzucker
» ½ TL Vanille, gemahlen
» 250 g kalte Butter
» 1 Ei (möglichst Größe L)
» 1 EL Milch
» 35 g gefriergetrocknete Erdbeeren (Biosupermarkt, z. B. von „erdbär – Freche Freunde“) oder andere Trockenfrüchte
» etwas Rohrohrzucker zum Bestreuen

Für die Füllung
» 300 g Schlagsahne
» 1 EL Vanille-Rohrohrzucker
» 400 g frische Brombeeren – alternativ Früchte der Saison oder Marmelade

runder Ausstecher (Ø 6 cm)

Dinkelmehl, Weinsteinbackpulver, Salz, Rohrohrzucker und Vanille in einer großen Schüssel mischen. Butter hinzugeben und mit den Händen zu feinen Krümeln verarbeiten. In die Mitte eine Mulde drücken, Ei und Milch hinzugeben, den Teig nur kurz kneten. Dann die Erdbeeren grob hacken und vorsichtig untermischen.

Eine große, beschichtete Pfanne mit schwerem Boden oder eine Pfanne aus Gusseisen bei mittlerer Hitze vorheizen. Auf einer gut bemehlten Arbeitsfläche den Teig ca. 1 cm dick ausrollen und 6 cm große Kreise ausstechen. Um zu testen, ob die Pfanne die richtige Temperatur erreicht hat, am besten einen Probekuchen backen. Ist die erste Seite des Kuchens nach 4 Minuten noch zu hell, die Temperatur etwas erhöhen. Ist der Kuchen zu dunkel, die Hitze reduzieren. Wenn die Pfanne die richtige Temperatur besitzt, die Welsh Cakes nacheinander auf jeder Seite 4 Minuten backen. Die Welsh Cakes auf einem Kuchengitter auskühlen lassen und mit etwas Rohrohrzucker bestreuen.

Für die Füllung die Schlagsahne mit dem Vanille-Rohrohrzucker steif schlagen. Die Welsh Cakes horizontal halbieren. Die untere Hälfte mit Schlagsahne bestreichen, ein paar Brombeeren darauf verteilen und die obere Hälfte wieder darauf setzen. Reinbeißen und mit einer guten Tasse Tee genießen!

TEA FOR TWO

Baileys Bundt Cake

mit weißer Schokoladenglasur

Der klassische Gugelhupf wurde ursprünglich eigentlich mit Hefeteig zubereitet. In der Biedermeierzeit gewann er besonders an Popularität und galt geradezu als Statussymbol, für das es jedoch kein Standardrezept gab. Denn je nach Region, Anlass oder Vermögen wurde der Gugelhupf aus Hefe-, Biskuit- oder Rührteig gebacken, und entweder sehr einfach gehalten oder mit damals aufwändigen Zutaten wie Butter, Nüssen, Rosinen oder Zitronen verfeinert. Hinterher wurde der Kuchen mit Puderzucker bestäubt oder mit Zuckerglasur und Schokolade überzogen. Der Name „Bundt Cake“ rührt von einer Handelsmarke (Bundt pan) der Firma „Nordic Ware“ her, die zu den ersten Herstellern von Gugelhupfbackformen in den USA gehörte. Ich liebe Gugelhupf auf vielfältige Art – allerdings muss er immer schön saftig sein. Das trifft bei dieser Variante auf jeden Fall zu. Denn sie besticht durch die aromatische Note von Cremelikör und hält sich wunderbar ein paar Tage saftig …

Für einen Gugelhupf (Ø 22 cm)

Für den Teig

- 5 Eier
- 150 g Rohrohrzucker
- 1 TL Vanille, gemahlen
- 250 ml Cremelikör (z. B. „Baileys Original Irish Cream“)
- 250 ml mildes Pflanzenöl
- 400 g Dinkelmehl, Type 630 oder Weizenmehl, Type 550
- 1 Päckchen Weinstein-backpulver
- 1 Prise Salz
- etwas Butter und Semmel-brösel für die Backform

Für die Glasur

- 50 g weiße Schokolade
- 5 g Butter

Für die Dekoration

- frische Rosenblüten, ungespritzt

Gugelhupfbackform (Ø 22 cm)

Backofen auf 160 °C Ober-Unterhitze vorheizen. Eier, Rohrohrzucker und Vanille in einer Schüssel einige Minuten auf höchster Mixerstufe aufschlagen, bis die Masse schön fluffig-weiß wird. Abwechselnd und portionsweise unter Rühren den Cremelikör und das Pflanzenöl zu der Eiermasse geben. Dinkelmehl sieben, mit dem Weinsteinbackpulver und Salz vermischen. Die Mehlmischung portionsweise unter Rühren zur Eiermasse geben und kurz zu einem glatten Teig verquirlen.

Eine Gugelhupfbackform gut mit Butter einfetten, mit Semmelbröseln ausstäuben und den Teig hineinfüllen. Den Gugelhupf in der mittleren Backofenschiene etwa 60–70 Minuten backen. Mit einem Holzstäbchen testen, ob er fertig ist. Wenn der Gugel noch nicht fertig ist, die Backzeit ggf. etwas verlängern.
Den Gugelhupf in der Form auskühlen lassen und dann erst stürzen. Wird er lauwarm gestürzt, kann er schnell zerbrechen.

Weiße Schokolade und Butter bei geringer Temperatur über einem Wasserbad schmelzen und den Gugelhupf damit glasieren. Sobald die Glasur getrocknet ist, den Gugelhupf mit Rosenblüten dekorieren.

TEA O' CLOCK
GREENE SUSI UND STROLCH

Dog Parade Cookies

mit Chai-Tee & Schokolade

Großbritannien ohne seine haarigen Vierbeiner ist so, wie Wien ohne den Prater oder New York ohne Sinatra, wie die Sportfreunde Stiller sangen. Ob Beagle, Bulldogge, Langhaarcollie, Welsh Corgi oder Parson Russel Terrier – sie haben die Herzen der Briten erobert. Selbst die Queen besitzt seit ihrem 18. Lebensjahr Corgis und liebt sie heiß und innig. Auch ich liebe seit Kindheitstagen Hunde. Daher war eines meiner Lieblingsbücher „Susi & Strolch" – mit der feinen Cocker-Spaniel-Dame Susi und dem Streuner-Mischlingshund Strolch.

DIE STÜCKZAHL RICHTET SICH NACH DER GRÖSSE DER AUSSTECHFORMEN.

Für den Teig

- 2 Beutel Bio-Chai-Tee (z. B. „Yogi Tee Classic")
- 200 g kalte Butter
- 80 g Rohrohrzucker
- 1 Eigelb
- 300 g Dinkelmehl, Type 630

Für die Dekoration – je nach persönlicher Vorliebe

- weiße Schokolade
- Milch- und Zartbitter-schokolade
- Zuckerperlen

Hunde-Keksausstecher

Die Teebeutel an einer Seite aufschneiden und den Inhalt in eine große Schüssel geben. Die restlichen Teigzutaten hinzufügen und alles rasch zu einem glatten Mürbteig kneten. Den Teig in Frischhaltefolie verpacken und für eine Stunde im Kühlschrank ruhen lassen.

Backofen auf 190 °C Ober-Unterhitze vorheizen. Auf einer gut bemehlten Arbeitsfläche den Teig ca. 5 mm dick ausrollen und nach Belieben Motive ausstechen. Die Kekse auf mit Backpapier ausgelegte Backbleche legen und portionsweise 8–10 Minuten in der mittleren Backofenschiene backen, bis sie zart goldgelb sind. Dann die Kekse auf einem Kuchengitter auskühlen lassen.

Die Schokoladensorten in getrennten Gefäßen nacheinander bei geringer Temperatur über einem Wasserbad schmelzen und die Kekse nach Belieben überziehen, mit Zuckerperlen dekorieren und trocknen lassen.

FENTIMANS
ROSE
FENTIMANS
ROSE

Pink Tea Cake

mit Himbeeren & Orangenblütenwasser

Ein Klassiker zur britischen Teestunde ist der „Victoria Sponge Cake" – ein sehr luftiger Kuchen bestehend aus zwei „schwammartigen" Teigböden, der traditionell mit Himbeermarmelade und Sahne gefüllt wird. Hier avanciert der Klassiker in einem neuen Gewand zur Torte. Orangenblütenwasser verleiht der Torte ein ganz besonderes Aroma. Optisch sorgen rosa Ganache und weiße Baisertupfen garantiert für eine beschwingte Tea-Party-Stimmung.

FÜR EINE TORTE MIT 3 SCHICHTEN (Ø 13 CM)

Für den Teig

» 130 g weiche Butter
» 85 g Rohrohrzucker
» ½ TL Vanille, gemahlen
» 3 Eier
» Schalenabrieb einer Bio-Orange
» 2 EL Orangenblütenwasser (Apotheke)
» 160 g Dinkelmehl, Type 630
» 2 TL Weinsteinbackpulver
» 1 Prise Salz
» etwas Butter und Mehl für die Backformen

Für die Füllung

» 100 g Schlagsahne
» ½ TL Vanille, gemahlen
» 1 TL Orangenblütenwasser
» 4 EL Himbeermarmelade (mit 70% Fruchtanteil)

Für das Frosting

» 250 ml Schlagsahne

Für die Ganache & Dekoration

» 75 g weiße Schokolade
» 50 g Schlagsahne
» 2 EL Himbeerpulver
» weiße Baisertupfen

3 Backformen (Ø 13 cm)

Backofen auf 175 °C Ober-Unterhitze vorheizen. In einer Schüssel Butter, Rohrohrzucker und Vanille einige Minuten kräftig aufschlagen, bis die Butter fluffig und weiß wird. Einzeln und nacheinander die 3 Eier unter Rühren hinzugeben. Orangenabrieb und Orangenblütenwasser hinzugeben. Dinkelmehl, Weinsteinbackpulver und Salz mischen und sieben. Unter Rühren die Mehlmischung portionsweise in den Teig geben. Den Teig in 3 gleiche Portionen aufteilen. Drei Backformen gut einfetten, mit etwas Mehl ausstäuben und mit Teig befüllen. Die Böden in der mittleren Backofenschiene für etwa 22–25 Minuten backen. Mit einem Holzstäbchen testen, ob sie fertig sind. Die Böden aus der Form nehmen und auf einem Kuchengitter auskühlen lassen.

Für die Füllung die Schlagsahne mit der Vanille und dem Orangenblütenwasser steif schlagen und eine halbe Stunde in den Kühlschrank stellen. Die Schlagsahne für das Frosting separat steif schlagen und ebenfalls kühl stellen. Zum Zusammensetzen den ersten Tortenboden auf eine Tortenplatte legen und mit der Hälfte der Himbeermarmelade bestreichen sowie etwas Füllung darauf verteilen. Den nächsten Boden daraufsetzen und so fortfahren, bis alle Böden zusammengesetzt sind. Den letzten Boden mit der Unterseite nach oben auf die Torte setzen. Zunächst die gesamte Torte mit einer dünnen Schicht Sahnefrosting überziehen und für eine halbe Stunde in den Kühlschrank stellen. Dann die Torte mit einer finalen, dickeren Schicht Sahnefrosting überziehen und nochmals für eine halbe Stunde in den Kühlschrank stellen.

Für die Ganache die weiße Schokolade hacken und in eine Schüssel geben. Die Schlagsahne in einem Topf aufkochen und über die Schokolade gießen. Zu einer glatten Masse verrühren, dann das Himbeerpulver unterrühren. Die Ganache auf Zimmertemperatur abkühlen lassen. So lange die Ganache noch flüssig ist, die Tortenoberfläche damit überziehen, sodass partiell seitlich Tropfen herunterlaufen. Die Ganache im Kühlschrank aushärten lassen, vor dem Servieren die Torte mit Baisertupfen dekorieren.

Cherry Cupcakes

mit Rosen-Kirschfrosting

Der Begriff „Cupcake“ tauchte erstmals 1828 in einem amerikanischen Kochbuch auf. Im Gegensatz zu Muffins werden Cupcakes aus einem feineren Rührteig hergestellt. Ursprünglich wurden diese Küchlein in kleinen Tassen gebacken, woher auch ihr Name stammt. An Cupcakes liebe ich vor allem die saisonale Variationsvielfalt. Diese kleinen eleganten Törtchen lassen sich dank eingelegter Kirschen ganzjährig zaubern.

Für etwa 12 Cupcakes

Für den Teig

» 75 g weiche Butter
» 75 g Rohrohrzucker
» 1 TL Vanille, gemahlen
» 3 Eier
» 150 g eingelegte, ungesüßte Bio-Sauerkirschen (z. B. von Alnatura)
» 120 g Dinkelmehl, Type 630
» 30 g Mandeln, gemahlen
» 1½ TL Weinsteinbackpulver
» 75 ml Milch
» 1 Prise Salz
» etwas Mehl zum Bestäuben

Für das Frosting

» 200 ml Kirschsaft der eingelegten Bio-Sauerkirschen
» 22 g Vanillepuddingpulver
» 150 g weiche Butter
» 2 EL Puderzucker
» 2 TL Rosenwasser (Apotheke)

Für die Dekoration

» kandierte Blüten(-blätter), z. B. Hornveilchen, Rosen

12er Muffinform (Muldengröße Ø 5 cm), Papierformen, Spritzbeutel, Blütentülle (z. B. Wilton #2D)

Backofen auf 175 °C Ober-Unterhitze vorheizen. In einer Schüssel Butter, Rohrohrzucker und Vanille einige Minuten kräftig aufschlagen, bis die Butter fluffig und weiß wird. Einzeln und nacheinander die 3 Eier unter Rühren hinzugeben. Kirschen gut abtropfen lassen und mit etwas Dinkelmehl vermischen. Dinkelmehl, Mandeln, Weinsteinbackpulver und Salz mischen und mit Milch unter Rühren zum Teig geben. Eine Muffinform mit Papierförmchen auslegen und den Teig maximal ⅔ hoch einfüllen. Die Cupcakes in der mittleren Backofenschiene für etwa 5 Minuten vorbacken. Das Muffinblech wieder aus dem Ofen holen und die Kirschen auf die Förmchen verteilen. Auf diese Weise sinken die Kirschen nicht auf den Boden. Cupcakes weitere 12–14 Minuten backen. Mit einem Holzstäbchen in die Cupcakes stechen und testen, ob sie fertig sind. Die Cupcakes aus der Form nehmen und auf einem Kuchengitter auskühlen lassen.

Für das Frosting 50 ml Kirschsaft mit dem Vanillepuddingpulver verquirlen. Restlichen Kirschsaft in einem Topf zum Kochen bringen. Unter Rühren das Puddingpulver hinzugeben und kurz aufkochen. Pudding umfüllen, die Oberfläche direkt mit Frischhaltefolie abdecken – damit sich keine Haut bildet – und auf Zimmertemperatur abkühlen lassen.

Anschließend den Pudding durch ein Sieb streichen. Butter mit dem Puderzucker mehrere Minuten cremig aufschlagen, bis sie fast weiß ist. Nun unter Rühren esslöffelweise den Kirschpudding und das Rosenwasser zur Butter geben. Auf hoher Stufe gut durchmixen, bis eine fluffige Pudding-Buttercreme entstanden ist. Das Kirschfrosting eine halbe Stunde in den Kühlschrank stellen. Dann in einen Spritzbeutel mit Blütentülle füllen. Auf jeden Cupcake von der Mitte beginnend eine Rose setzen und mit kandierten Blüten dekorieren.

Alte Sammeltassen mit unterschiedlichen Dekoren geben der Tea Party einen fröhlichen, feinen Charakter. Hübsche Vintage-Blechdosen werden im Handumdrehen für kleine Bouquets zur Vase umfunktioniert. Die Dog Parade Cookies (S. 15) mit Chai-Tee lassen sich originell variieren – und zwar als Teebeutel-Kekse. Dafür gibt es als Printable eine Keksschablone sowie passende Anhänger, die mit buntem Garn an den Keksen befestigt werden. Zu einer Tea Party gehört selbstverständlich auch die richtige, stilechte Deko. Alte Illustrationen von Tassen und Teekannen im Vintagestil werden auf festem Papier ausgedruckt, ausgeschnitten und auf Bäckergarn als Girlande aufgefädelt.

Printables

Tea Party Girlande & Keksvorlage mit Anhänger

☞ S. 109

Mini-Tartes au Citron

mit Meringue

FÜR 24 MINI-TARTES
(Ø 4,5 CM)

Für den Teig

» 55 g kalte Butter
» 1 Eigelb
» 15 g Puderzucker
» 125 g Dinkelmehl, Type 630 oder Weizenmehl, Type 550
» ½ EL Wasser
» 1 Prise Salz
» etwas Butter und Mehl für die Backform

Für die Füllung

» 1 Ei
» 35 ml Schlagsahne
» 40 g Rohrohrzucker
» 40 ml Saft einer Bio-Zitrone sowie Schalenabrieb einer halben Zitrone

Für die Meringue

» 2 sehr frische Eiweiß
» 80 g Rohrohrzucker

24er Mini-Muffinbackform (Muldengröße Ø 4,5 cm), Zuckerthermometer oder elektronisches Küchenthermometer, Gasbrenner, Spritzbeutel, offene Sterntülle

Alle Teigzutaten in eine Schüssel geben und rasch mit den Fingern zu einem Mürbteig verarbeiten. Zu einer Kugel formen, in Frischhaltefolie wickeln und etwa 30–60 Minuten im Kühlschrank ruhen lassen.

Backofen auf 200 °C Ober-Unterhitze vorheizen. Die Mulden der Mini-Muffinbackform mit etwas Butter einfetten und mit Mehl ausstäuben. Teig auf einer gut bemehlten Arbeitsfläche ausrollen, Kreise ausschneiden und alle Mulden damit auslegen. Die Tarteböden mit einer Gabel mehrmals einstechen. Dann die Tarteböden in der mittleren Backofenschiene für etwa 8–10 Minuten vorbacken.

Währenddessen in einer Schüssel Ei, Schlagsahne, Rohrohrzucker sowie Zitronensaft und -abrieb sehr vorsichtig verquirlen, damit sich keine Blasen bilden. So wird die Oberfläche der Tartes schön glatt. So lange weiterrühren, bis sich der Zucker vollständig aufgelöst hat.

Die Mini-Tartes aus dem Ofen holen und die Backofentemperatur auf 150 °C Ober-Unterhitze reduzieren. Die Zitronen-Eier-Sahne-Mischung in die Formen gießen. Die Tartes nun ca. 8 Minuten fertig backen, bis die Füllung puddingartig eingedickt, aber nicht braun, ist. Dann die Mini-Tartes aus der Form nehmen und auf einem Kuchengitter auskühlen lassen.

Für die Meringue Eiweiß und Rohrohrzucker in einer hitzebeständigen Schüssel unter ständigem Rühren mit einem Löffel über einem sanft kochenden Wasserbad erhitzen. Die Temperatur mit dem Thermometer kontinuierlich überprüfen, bis die Masse ca. 65 °C erreicht hat und die Zuckerkristalle geschmolzen sind. Die Masse in eine andere Schüssel umfüllen und mit dem Handrührgerät oder der Küchenmaschine fluffig aufschlagen. So lange weiterschlagen, bis die Meringue abgekühlt und der Baiser steif ist. Das dauert etwa 10 Minuten. Die Meringue in einen Spritzbeutel mit offener Sterntülle füllen. Auf jede Mini-Tarte von der Mitte beginnend eine kleine „Meringue-Krone“ setzen. Diese dann mit dem Gasbrenner leicht bräunen.

Veggie Rolls

mit Zucchini & Minze

Die Herzen der Briten schlagen besonders für einen bestimmten pikanten Snack höher: Sausage Rolls. Das sind Blätterteig-Pasteten, die mit Wurstbrät gefüllt werden. Meine raffinierte, fleischfreie Variante aus Zucchini, mit Thymian und Minze verfeinert, lässt hingegen alle Vegetarierherzen höher schlagen. Let it roll!

Für etwa 10 Stück

- 700 g Zucchini
- 2 EL Olivenöl
- 1 EL frischer Thymian, gehackt
- Schalenabrieb einer Bio-Zitrone
- 150 g Greyerzer (mild)
- ½ EL frische Minze, gehackt
- 1 Ei
- Salz und schwarzer Pfeffer, frisch gemahlen
- Muskatnuss, frisch gerieben
- 1 Blätterteigrolle (320 g)
- 2 EL Sesam

Backofen auf 200 °C Ober-Unterhitze vorheizen. Zucchini waschen, Enden abschneiden, grob raspeln und etwas ausdrücken. Olivenöl in einer Pfanne erhitzen und Zucchini, Thymian sowie Zitronenschalenabrieb hinzugeben. Etwa 15 Minuten auf kleinster Stufe dünsten und gelegentlich umrühren. Die Zucchini etwas abkühlen lassen. Den Käse grob raspeln. Käse, Minze und das Ei unter die Zucchini mischen, mit Salz, Pfeffer und Muskatnuss abschmecken. Die Blätterteigrolle abrollen und gleichmäßig mit der Füllung bestreichen, dabei 1 cm Abstand zu den Rändern frei lassen. Blätterteig von der kurzen Seite her wieder aufrollen und in ca. 2,5 cm dicke Scheiben schneiden. Die Rolls auf ein mit Backpapier ausgelegtes Backblech legen, mit Sesam bestreuen und in der mittleren Backofenschiene etwa 20 Minuten goldbraun knusprig backen.

Herzige Sandwiches

mit Gurke & Avocado-Dill-Creme

Die Stückzahl richtet sich nach der Grösse der Ausstechformen.

- 1 reife, weiche Avocado
- 100 g Frischkäse (Doppelrahmstufe)
- 1 EL frischer Dill, gehackt
- 1 EL Zitronensaft
- Salz
- schwarzer Pfeffer, frisch gemahlen
- 8 Scheiben helles Toastbrot
- 1 Salatgurke

Avocado halbieren, Kern entfernen und mit einem Esslöffel das Fruchtfleisch herauslösen. In einem hohen Gefäß Avocado, Frischkäse, Dill und Zitronensaft pürieren und mit Salz sowie Pfeffer abschmecken. Die Rinde des Toastbrots abschneiden und die Scheiben mit einem Nudelholz leicht plattieren.
Die Salatgurke waschen und mit einem Sparschäler längs bis zum Kerngehäuse in lange Streifen schneiden. Die Streifen überlappend auf einem Brett auslegen. Mit einem Herz-Keksausstecher eine gerade Anzahl Herzen aus dem Toastbrot ausstechen. Aus den Gurkenscheiben die halbe Anzahl an Herzen ausstechen. Die Hälfte der Toastbrot-Herzen mit Avocado-Dill-Creme bestreichen, mit einem Gurkenherz belegen und ein Toastbrot-Herz als Deckel daraufsetzen.

Herz-Keksausstecher

Fall in Love

„Birds do it, bees do it. Even educated fleas do it. Let's do it, let's fall in love." Wenn der Herbst vor der Tür steht, gibt es für mich kein Halten mehr. Hals über Kopf verliebe ich mich in den Herbst, in sein prächtiges Farbfeuerwerk und in seine reichhaltigen Köstlichkeiten mit einzigartigen, kräftigen Aromen. In dieser Zeit liebe ich es, auf ausgiebigen Streifzügen durch den Wald die schönsten Schätze zu entdecken. Dabei treffe ich oft auf flinke Eichhörnchen, die eifrig ihren Wintervorrat sammeln, und auf den scheuen Fuchs, der nach dem Rechten sieht und schnell wieder in seinem kuscheligen Bau verschwindet. In der Küche verströmen die Düfte von Pflaume, Apfel, Honig und Zimt eine warme, heimelige Atmosphäre.

Apple Hand Pies

mit Holunder

Äpfel gehören für mich einfach im Herbst dazu. Am liebsten selbst von unseren alten Apfelbäumen – wie Celler Dickstiel, Ontario, Winterglockenapfel oder roter Boskoop – gepflückt. Sie lassen sich vielfältig von herzhaft wie Apfel-Chutney (S. 55) bis süß wie Apfelmus, Saft, Gelee oder Apfelkuchen verarbeiten. Diese kleinen Apple Hand Pies mit Gewürzen und einer leicht herben Holundernote sind eine handliche süße Köstlichkeit.

FÜR ETWA 6–8 STÜCK
(CA. 6 X 11 CM)

Für den Teig

» 130 g kalte Butter
» 250 g Dinkelmehl, Type 630
» 30 g Puderzucker
» ½ EL Wasser
» 1 Ei
» etwas Milch zum Bestreichen

Für die Apfelfüllung

» 200 g Apfelstücke (z. B. Boskoop) – das entspricht etwa 1½ Äpfeln
» 20 g Rohrohrzucker
» 50 ml Holunder-Muttersaft
» ½ TL Zimt
» ½ TL Kardamom, frisch gemahlen
» ¼ TL Vanille, gemahlen

Für den Guss

» 20 g Puderzucker
» 2 TL Holunder-Muttersaft

Alle Teigzutaten in eine Schüssel geben und rasch zu einem Mürbteig verarbeiten. Der Teig darf ruhig etwas gröber sein und sollte nur kurz geknetet werden. Zu einer Kugel formen, in Frischhaltefolie wickeln und etwa 30 Minuten im Kühlschrank ruhen lassen.

Für die Füllung in einem Topf Apfelstücke, Rohrohrzucker, Holunder-Muttersaft, Zimt, Kardamom und Vanille aufkochen und etwa 10 Minuten bei kleiner Temperatur einkochen. Danach abkühlen lassen.

Backofen auf 190 °C Ober-Unterhitze vorheizen. Teig auf einer gut bemehlten Arbeitsfläche ca. 6–7 mm dünn ausrollen und Rechtecke in der Größe 12 x 11 cm ausschneiden. Auf jedes Rechteck bis zur Hälfte Apfelfüllung geben, dabei nach außen einen Rand von 1 cm frei lassen. Die Hand Pies zusammenklappen, die Ränder gut mit einer Gabel festdrücken und dabei ein Muster formen. Die Hand Pies auf ein mit Backpapier belegtes Backblech legen und mit etwas Milch bestreichen. In der mittleren Backofenschiene etwa 20–25 Minuten goldbraun backen.

Für den Guss den Puderzucker sieben und mit dem Holunder-Muttersaft anrühren. Damit die Hand Pies streifenförmig überziehen.

Printable
Fuchs-Verpackung
☞ S. 109

Hazelnut Chase Cake

Für eine Torte mit 5 Schichten (Ø 15 cm)

Für die Baiser-Pilze

- 1 Eiweiß
- 25 g feiner, weißer Zucker
- 20 g Puderzucker, gesiebt
- 1 Spritzer Zitronensaft
- 20 g dunkle Schokolade (70%)
- etwas Kakaopulver, ungesüßt

Für den Teig

- 120 g weiche Butter
- 120 g Ahornsirup
- 1 TL Vanille
- 4 Eier
- 130 g Dinkelvollkornmehl
- 110 g Haselnüsse, gemahlen
- 2 TL Weinsteinbackpulver
- 1 Prise Salz
- 120 ml Milch
- etwas Butter und Mehl für die Backformen

Für die Füllung

- 300 g Mascarpone
- 3 EL Puderzucker
- 2 Päckchen Bio-Sahnestand
- 100 g Schlagsahne, geschlagen

Für die Ganache

- 40 g dunkle Schokolade (70%)
- 40 g Schlagsahne

Für die Waldboden-Dekoration

- ein paar frische Blaubeeren
- frische Minzblätter
- 1 Schokokeks, zerkleinert

5 Backformen (Ø 15 cm, z. B. von Wilton, Form „Easy Layers"), Spritzbeutel, Lochtülle (Ø 12 mm)

Am Vorabend: Backofen auf 70 °C Ober-Unterhitze vorheizen. In einer Keramik- oder Metallschüssel das Eiweiß aufschlagen. Sobald es weiß wird, den feinen Zucker, Puderzucker und Zitronensaft hinzugeben. Etwa 5 Minuten weiterschlagen, bis stabile Spitzen entstehen. Die Baisermasse in einen Spritzbeutel mit Lochtülle füllen. Auf ein mit Backpapier ausgelegtes Backblech etwa 10–12 runde Häufchen (Ø 3 cm) spritzen. Mit angefeuchteten Fingern die Pilzköpfe etwas glatt streichen. Für die Stiele Baisermasse auf das Blech spritzen und dabei den Spritzbeutel nach oben ziehen bis längere Streifen (ca. 3 cm) entstehen. Die Pilze in der mittleren Backofenschiene 2 bis 2½ Stunden backen. Dabei die Backofentür nicht öffnen – auch nach der Backzeit nicht. Die Pilze am besten über Nacht im geschlossenen Backofen auskühlen lassen.

Am Folgetag: Die dunkle Schokolade über einem Wasserbad schmelzen. In die Rückseite der Pilzköpfe mit einem spitzen Messer ein kleines Loch bohren. Etwas Schokolade auf die Unterseite geben und jeweils einen Stiel daran befestigen. Die Pilze mit etwas Kakaopulver bestäuben.

Backofen auf 175 °C Ober-Unterhitze vorheizen. In einer Schüssel Butter, Ahornsirup und Vanille einige Minuten kräftig aufschlagen, bis die Butter fluffig und weiß wird. Einzeln und nacheinander die 4 Eier unter Rühren hinzugeben. Mehl sieben und mit Haselnüssen, Weinsteinbackpulver sowie Salz mischen. Unter Rühren die Mehlmischung und die Milch portionsweise in den Teig geben. Den Teig in 5 gleiche Portionen aufteilen. Die Backformen gut einfetten, mit etwas Mehl ausstäuben und mit Teig befüllen. Die Böden in der mittleren Backofenschiene für etwa 18 Minuten backen. Mit einem Holzstäbchen testen, ob sie fertig sind. Die Böden aus der Form nehmen und auf einem Kuchengitter auskühlen lassen. Für die Füllung Mascarpone mit Puderzucker und Sahnestand verrühren sowie die Schlagsahne unterheben. Für eine halbe Stunde in den Kühlschrank stellen. Für die Ganache die Schokolade hacken und in eine Schüssel geben. Die Schlagsahne in einem Topf zum Kochen bringen, über die Schokolade gießen und gründlich verrühren. Die Ganache etwas abkühlen lassen. Zum Zusammensetzen den ersten Tortenboden auf eine Tortenplatte legen und mit einem Viertel der Füllung bestreichen. Den nächsten Boden daraufsetzen und so fortfahren, bis alle Böden zusammengesetzt sind. Die Tortenoberfläche mit Ganache überziehen. Mit den Schokoladenkekskrümeln als „essbare Erde" sowie den Baiser-Pilzen, den Blaubeeren und der Minze dekorieren.

New York Bagels

mit Rote-Bete-Aufstrich & Rucola

Meinen allerersten Bagel habe ich mitten in New York City gegessen. Und zwar bei einem ganz kuriosen Imbiss-Kiosk im Stadtteil „South of Houston Street" (SoHo), der von Zeitschriften über Kaugummis bis hin zu Bagels quasi alles verkaufte. Der Bagel wurde liebevoll aufgewärmt, ganz klassisch mit Frischkäse bestrichen und mit Möhren-Sellerie-Salat als Beilage serviert. Auf der Parkbank davor genoss ich im Sonnenschein diesen Kringel voll Glück und verliebte mich spontan. Bagels sind ofenfrisch besonders köstlich und lassen sich unendlich variieren: mit Sesam, Mohn, Kürbiskernen oder Kräutern bestreut, pikant mit getrockneten Tomaten oder Oliven im Teig, ja sogar bis hin zur süßen Variante wie Zimt & Zucker oder Blaubeere. Hier ist das Rezept für eine farblich aufregende Variante mit Rote-Bete-Aufstrich und Rucola.

Für etwa 6 Bagels

Für den Teig
» 20 g frische Hefe
» ½ TL Rohrohrzucker
» 1 TL Salz
» 250 ml Wasser, lauwarm
» 400 g Dinkelmehl, Type 630

Für das Kochwasser
» 1 EL Honig
» 2 TL Natron
» 1½ l Wasser

Zum Bestreuen – nach Belieben
» Mohn, Sesam, Kürbiskerne, Kräuter, Meersalz

Für den Rote-Bete-Aufstrich
» 200 g Rote Bete, gekocht
» 60 g Frischkäse (Doppelrahmstufe)
» 8 g frischer Meerrettich, geschält und fein gerieben
» 1 EL Zitronensaft
» ½ TL Currypulver, mild
» 2 EL Sonnenblumenkerne
» Salz

Zum Belegen
» 1 kleines Bund Rucola

Hefe, Rohrohrzucker und Salz im lauwarmen Wasser auflösen und mit dem Dinkelmehl in einer Schüssel grob zu einem Teig verkneten. Den Teig mit den Knethaken des Handmixers oder in einer Küchenmaschine etwa 10 Minuten kneten, bis er weich, geschmeidig und glänzend ist. Mit einem sauberen Küchenhandtuch abdecken und an einem warmen Ort 45 Minuten gehen lassen.

Anschließend den Teig in 6 gleich große Portionen teilen. Daraus Kugeln formen und mit dem Ende eines Kochlöffels ein Loch in der Mitte formen. Die Bagels auf der gut bemehlten Arbeitsfläche nochmals 15 Minuten gehen lassen.

Backofen auf 200 °C Ober-Unterhitze vorheizen. Honig, Natron und Wasser in einem großen Topf zum Kochen bringen, dann die Temperatur reduzieren. Ein mit Backpapier ausgelegtes Backblech bereitstellen. Die Bagels nacheinander etwa 2 Minuten im leicht siedenden Wasser ziehen lassen, dann mit einer Schaumkelle heraus holen und auf das Backblech legen. Nach Belieben mit Körnern, Kräutern oder Salz bestreuen. In der mittleren Backofenschiene etwa 20–25 Minuten goldgelb backen.

Alle Aufstrich-Zutaten – bis auf das Salz – in ein hohes Gefäß geben, fein pürieren und mit Salz abschmecken.

Die frisch gebackenen Bagels aufschneiden, mit Rote-Bete-Aufstrich bestreichen, mit dem gewaschenen Rucola belegen, zusammenklappen und einfach nur genießen!

Brombeertorte

mit dunkler Schokolade

Brombeeren sind wahre Vitaminbomben, die durch ihren fein herben, säuerlichen Geschmack bestechen. Ihre dunkle Farbe wirkt anziehend und magisch. Diese Torte verbindet alles, was das süße Herz begehrt: fruchtige Verführung von außen, schokoladig-saftiger Genuss von innen sowie reizvolle Farben für das Auge.

Für eine Torte mit 4 Schichten (Ø 13 cm)

Für den Teig

- 50 g weiche Butter
- 100 g Rohrohrzucker
- ½ TL Vanille, gemahlen
- 3 Eier
- 75 g dunkle Schokolade (70% Kakaoanteil)
- 1 EL Kakaopulver, ungesüßt
- 1 EL heißes Wasser
- 150 g Dinkelmehl, Type 630
- 30 g Mandeln, gemahlen
- 2 TL Weinsteinbackpulver
- 1 Prise Salz
- 100 ml Buttermilch
- etwas Butter und Mehl für die Backformen

Für die Füllung & das Frosting

- 3 Blatt Bio-Blattgelatine oder 3 g Agaranta (Agar-Agar)
- 200 g TK-Brombeeren
- 70 g Rohrohrzucker
- 1 TL Vanille, gemahlen
- 1 EL Zitronensaft
- 300 g Mascarpone
- 200 g Sahne, geschlagen

Für die Dekoration

- 250 g frische Brombeeren
- nach Belieben frische Blüten

4 Backformen (Ø 13 cm)

Backofen auf 175 °C Ober-Unterhitze vorheizen. In einer Schüssel Butter, Rohrohrzucker und Vanille einige Minuten kräftig aufschlagen, bis die Butter fluffig und weiß wird. Einzeln und nacheinander die 3 Eier unter Rühren hinzugeben. Dunkle Schokolade über einem Wasserbad sanft schmelzen. Kakaopulver mit dem Wasser glatt rühren. Dinkelmehl sieben und mit Mandeln, Weinsteinbackpulver sowie Salz mischen. Unter Rühren die Buttermilch und die Mehlmischung portionsweise in den Teig geben. Dann die geschmolzene Schokolade und das Kakaopulver kurz unter den Teig mischen. Den Teig in 4 gleiche Portionen aufteilen. Die Backformen gut einfetten, mit etwas Mehl ausstäuben und mit Teig befüllen. Die Böden in der mittleren Backofenschiene für etwa 22 Minuten backen. Mit einem Holzstäbchen testen, ob sie fertig sind. Die Böden aus der Form nehmen und auf einem Kuchengitter auskühlen lassen.

Für die Füllung und das Frosting die Gelatineblätter in etwas kaltem Wasser einweichen bzw. Agar-Agar nach Packungsanweisung zubereiten. Brombeeren mit Rohrohrzucker, Vanille und Zitronensaft in einem Topf sanft erhitzen, dann pürieren und mit der Gelatine bzw. Agar-Agar vermischen. Sobald die Masse Zimmertemperatur hat, mit Mascarpone vermengen, Schlagsahne vorsichtig unterheben und im Kühlschrank ruhen lassen. Wenn die Masse zu gelieren beginnt, kann die Torte gefüllt werden. Zum Zusammensetzen den ersten Tortenboden auf eine Tortenplatte legen und etwas Füllung darauf verteilen. Den nächsten Boden daraufsetzen und so fortfahren, bis alle Böden zusammengesetzt sind. Den letzten Boden mit der Unterseite nach oben auf die Torte setzen. Die gesamte Torte mit einer dünnen Schicht Creme überziehen und für eine halbe Stunde in den Kühlschrank stellen. Dann die Torte mit einer dickeren Schicht Frosting überziehen und nochmals für eine halbe Stunde in den Kühlschrank stellen. Zu guter Letzt die Torte mit den frischen Brombeeren und Blüten dekorieren.

Schokoküchlein

mit Pistazien & Roter Bete

Diese kleinen schokoladigen Küchlein schmecken einfach himmlisch. Dank der Roten Bete werden sie besonders saftig und luftig zugleich. Farblich sind sie ein absoluter Knüller und passen perfekt zu den Farben des Herbstes. Wer Rote Bete nicht mag, sollte den Schokoküchlein trotzdem eine Chance geben, da man sie nicht herausschmeckt.

Für etwa 12 Stück

Für den Teig

- 100 g Rote Bete – alternativ vorgegarte Rote Bete
- 75 g dunkle Schokolade (70% Kakaoanteil)
- 2 EL Espresso
- 75 g Butter
- 50 g Dinkelmehl, Type 630
- 25 g Pistazien, gemahlen
- 1 EL Kakaopulver, ungesüßt
- ½ TL Vanille, gemahlen
- ½ TL Weinsteinbackpulver
- 1 Prise Salz
- 2 Eier
- 50 g Rohrohrzucker
- etwas Butter und Mehl für die Backform

Für die Glasur

- 100 g Puderzucker, gesiebt
- 2 EL Rote-Bete-Saft

12er Backform (Muldengröße Ø 5,5 cm)

Rote Bete mit der Schale etwa 30–40 Minuten in Wasser so weich kochen, dass man sie ganz leicht mit einem Messer einstechen kann. Nach Garende das Wasser abgießen, unter kaltem Wasser spülen, die Schale ablösen, die Wurzelenden abschneiden und mit einem Pürierstab fein pürieren.

Backofen auf 175 °C Ober-Unterhitze vorheizen. Dunkle Schokolade über einem Wasserbad sanft schmelzen. Wenn die Schokolade fast vollständig geschmolzen ist, den Espresso unterrühren. Butter in kleinen Stückchen dazugeben, in der Schokolade schmelzen. Schokoladenmischung vom Wasserbad nehmen und etwas auskühlen lassen.

Dinkelmehl, Pistazien, Kakao, Vanille, Weinsteinbackpulver und Salz vermischen. Eier trennen – das Eiweiß mit einer Prise Salz steif schlagen. In einer weiteren Schüssel Eigelb und Rohrohrzucker ein paar Minuten kräftig aufschlagen.

Dann die Schokoladenmischung mit den Eigelb und der pürierten Rote Bete vermengen. Die Mehlmischung hinzugeben und kurz zu einem glatten Teig verrühren. Zum Schluss das Eiweiß vorsichtig in 3 Portionen mit einem Schneebesen unterheben. Die Backformen gut einfetten, mit etwas Mehl ausstäuben und mit Teig befüllen. Die Küchlein in der mittleren Backofenschiene etwa 20–25 Minuten backen. Der Teig sollte in der Mitte nach der Backzeit noch etwas feucht sein – genau das macht die besondere Konsistenz aus. Die Küchlein etwas in der Form auskühlen lassen, dann herausnehmen und auf einem Kuchengitter vollständig auskühlen lassen. Für die Glasur Puderzucker mit Rote-Bete-Saft glatt rühren und die Küchlein nach Belieben damit überziehen.

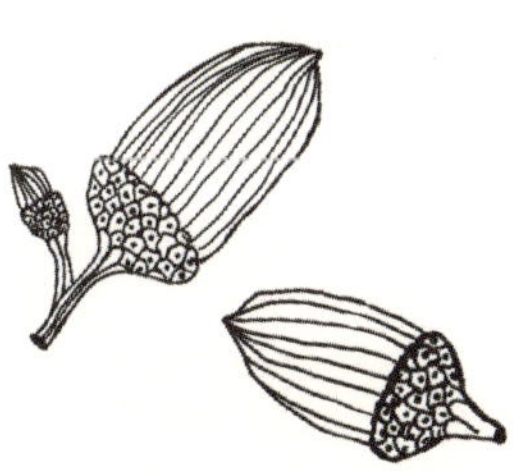

Laugenbrötchen

mit Biernote & Kürbisaufstrich

Auf dem Oktoberfest in München sind Bier und Laugengebäck ein unzertrennliches Duo. In diesem Fall gibt das Bier dem Teig eine dezent-würzige Note und harmoniert fantastisch mit dem cremig-raffinierten Kürbisaufstrich. Dieses pikante Gebäck lässt sich zum Glück zu Hause ganz einfach nachbacken!

Für 12 Laugenbrötchen

Für den Teig

» 100 ml Wasser
» 175 ml Bier (z. B. Hefeweizen)
» 25 g frische Hefe
» 1 Prise Rohrohrzucker
» 1 gehäufter TL Salz
» 400 g Dinkelmehl, Type 630

Für die Lauge

» 1½ l Wasser
» 50 g Natron
» 1 TL Salz

Zum Bestreuen – nach Belieben

» Meersalz, Mohn, Sesam, Kürbiskerne

Für den Kürbisaufstrich

» 200 g Kürbisfleisch (Hokkaido, Butternuss- oder Muskatkürbis), gewürfelt
» 50 ml Wasser
» 50 g Frischkäse (Doppelrahmstufe)
» 1 dünne Scheibe Ingwer
» Nadeln bzw. Blätter von je 1 Zweig Rosmarin und Thymian
» ¼ TL Vanille, gemahlen
» ½ TL Koriandersamen, frisch gemahlen
» Chilipulver
» Salz

Wasser und Bier in einem Topf kurz lauwarm erhitzen. Hefe, Rohrohrzucker und Salz darin auflösen. Die Hefemischung mit dem Dinkelmehl in einer Schüssel grob zu einem Teig verkneten. Den Teig mit den Knethaken des Handmixers oder in einer Küchenmaschine etwa 10 Minuten kneten, bis er weich, geschmeidig und glänzend ist. Mit einem sauberen Küchenhandtuch abdecken und an einem warmen Ort 60 Minuten gehen lassen.

Anschließend den Teig in 12 gleich große Portionen teilen. Daraus kleine Kugeln formen. Die Brötchen auf der gut bemehlten Arbeitsfläche mit einem feuchten Küchenhandtuch abdecken und nochmals 15 Minuten gehen lassen.

Backofen auf 220 °C Ober-Unterhitze oder 200 °C Umluft vorheizen. Für die Lauge Wasser, Natron und Salz in einem großen Topf zum Kochen bringen, dann die Temperatur reduzieren. Ein mit Backpapier ausgelegtes Backblech bereitstellen. Die Laugenbrötchen nacheinander etwa 1–2 Minuten im Wasser ziehen lassen, dann mit einer Schaumkelle herausholen und auf das Backblech legen. Nach Belieben mit Körnern, Samen oder Salz bestreuen. In der mittleren Backofenschiene etwa 15–20 Minuten knusprig braun backen.

Für den Kürbisaufstrich die Kürbisstücke in einem Topf mit dem Wasser ca. 10 Minuten zugedeckt unter dem Siedepunkt weich kochen. Danach das restliche Wasser abgießen, Kürbisfleisch in ein hohes Gefäß geben und etwas auskühlen lassen. Nun alle weiteren Aufstrichzutaten in das Gefäß geben, alles fein pürieren und mit Salz sowie Chilipulver abschmecken. Mit den lauwarmen Laugenbrötchen servieren und genießen! Die Brötchen eignen sich auch gut zum Einfrieren – bei Bedarf einfach ca. 10–15 Minuten bei 150 °C aufbacken.

Bananen-Nuss-Kuchen

mit Joghurt-Topping & Herbstfrüchten

Dieser zuckerfreie Kuchen ist ein absoluter Glücklichmacher: Datteln, Bananen und Kakaopulver enthalten viel Tryptophan, das dafür zuständig ist, dass im Körper das „Glückshormon" Serotonin gebildet wird. Ein raffinierter und köstlicher Kuchen mit einem erdig-herbstlichen Charakter!

FÜR EINEN KUCHEN (Ø 18–20 CM)

Für den Teig

» 220 g Bio-Datteln, getrocknet und entsteint
» 300 ml Milch
» 2 reife, kleine Bananen
» 2 Eier
» 100 g weiche Butter
» 200 g Dinkelvollkornmehl
» 70 g Mandeln, gemahlen
» 70 g Haselnüsse, gemahlen
» 1 TL Vanille, gemahlen
» ½ TL Zimt
» 4 TL Kakaopulver, ungesüßt
» 2 TL Weinsteinbackpulver
» ¼ TL Natron
» 1 Prise Salz
» 60 g Walnüsse, grob gehackt
» etwas Butter und Mehl für die Backformen

Für das Topping

» 200 g griechischer Joghurt
» 1 EL Akazienhonig
» frisches saisonales Obst wie Feigen, blaue Weintrauben, Pflaumen, Blaubeeren oder Brombeeren

Springform (Ø 18–20 cm)

Datteln fein hacken und in einem Topf mit der Milch bis zum Siedepunkt erhitzen und auskühlen lassen. Backofen auf 175 °C Ober-Unterhitze vorheizen.

Bananen schälen und in einer kleinen Schüssel mit einer Gabel zerdrücken. In einer großen Schüssel die Eier mit dem Handmixer aufschlagen, Butter und Bananen dazugeben. Dinkelmehl, Mandeln, Haselnüsse, Vanille, Zimt, Kakaopulver, Weinsteinbackpulver, Natron und Salz vermischen. Die trockenen Zutaten und die Milch-Dattel-Mischung zu der Eiermischung geben und zu einem glatten Rührteig verquirlen. Die Walnüsse unter den Teig heben. Die Backform gut einfetten, mit etwas Mehl ausstäuben und mit dem Teig befüllen. Den Kuchen in der mittleren Backofenschiene etwa 50–60 Minuten backen. Mit einem Holzstäbchen testen, ob der Kuchen fertig ist. Den Kuchen aus der Form nehmen und auf einem Kuchengitter auskühlen lassen.

Für das Topping den Joghurt mit dem Akazienhonig verrühren. Den Kuchen auf eine Tortenplatte setzen. Auf der Oberfläche den Joghurt verteilen und mit den Früchten dekorieren.

Wer eine Nusssorte nicht mag oder dagegen allergisch ist, kann diesen Kuchen auch mit anderen Nusssorten variieren. Bei einer Laktoseintoleranz kann die Milch mit Mandelmilch bzw. bei einer Glutenunverträglichkeit Dinkelvollkornmehl durch Mandelmehl ersetzt werden.

It's Beginning to Look a Lot Like Christmas

Wenn der verführerische Plätzchenduft durch die Küche weht, beginnt die lang ersehnte Adventszeit. An den langen, dunklen Nachmittagen haben wir endlich Ruhe, um bei Glühwein, weihnachtlicher Swingmusik und Kerzenschein darüber nachzudenken, was wir unseren Liebsten schenken möchten. Präsente aus der Küche sind ganz individuelle Überraschungen, die von Herzen kommen. Denn in etwas Selbstgemachtem stecken besonders viel Zeit und Liebe. Ob haltbarer Genuss im Glas, zuckrige Leckerei, pikante Gaumenfreude oder Schneekugel – so lässt sich liebevoll verpackt ein kleines Stück vom Glück verschenken und viel Freude bereiten.

Honigkuchen

mit Mandeln

Spätestens, wenn der verführerische Duft von meinen Lieblingshonigkuchen durch das Haus zieht, kommen bei mir langsam die Adventsstimmung und die Vorfreude auf Weihnachten auf. Dieses würzige Gebäck ist ein wahrer Klassiker unserer Adventsbäckerei, der sich durch unterschiedlichste Motive und Verzierungen zahlreich variieren lässt.

Für etwa 35 Stück – je nach Grösse der Ausstechformen

Für die Honigkuchen

» 250 g Honig
» 50 g Vollrohr- oder Rohrohrzucker
» jeweils einen halben Teelöffel Piment, Nelke, Muskatnuss, schwarzer Pfeffer und Kardamom, frisch gemahlen
» 1 TL Zimt
» Schalenabrieb einer Bio-Orange
» 500 g Dinkelmehl, Type 630
» 120 g Mandeln, gemahlen
» 50 g Mandeln, gehackt
» 1 Päckchen Weinsteinbackpulver
» 1 Prise Salz
» 2 Eier

Für die Dekoration

» Zuckerguss
» nach Belieben: blanchierte Mandeln

verschiedene Keksausstecher

Honig, Vollrohr- oder Rohrohrzucker, alle Gewürze und Orangenschale in einem Topf sanft erhitzen und so lange rühren, bis sich der Zucker vollständig aufgelöst hat. Dann die Honigmischung auf Zimmertemperatur abkühlen lassen.

In einer großen Schüssel das Mehl mit beiden Mandelsorten, Weinsteinbackpulver und Salz vermischen. Die Honigmischung mit der Mehlmischung und den Eiern zu einem geschmeidigen Teig verkneten. Zu einer Kugel formen, in Frischhaltefolie wickeln und etwa 30–60 Minuten im Kühlschrank ruhen lassen.

Backofen auf 180 °C Ober-Unterhitze vorheizen. Den Teig auf einer gut bemehlten Arbeitsfläche ca. 5 mm dick ausrollen und nach Herzenslust Formen und Figuren ausstechen. Diese auf mit Backpapier ausgelegte Backbleche legen und portionsweise in der mittleren Backofenschiene ca. 10 Minuten backen. Nach dem Abkühlen die Honigkuchen nach Belieben mit Puderzuckerguss dekorieren.

Je nachdem wie intensiv die Honigsorte ist, variiert der Geschmack der Honigkuchen. Für dieses Gebäck bevorzuge ich milden Blütenhonig.

PÂTISSERIE

Gugl-Schokopralinen

mit Nougat, Haselnüssen & Vanille

Für etwa 18 Mini-Gugls (Ø 4 cm)

- 25 g Haselnüsse, gehackt
- 20 g Rohrohrzucker
- 250 g Nougatschokolade, gehackt
- 150 g weiße Schokolade, gehackt
- ½ TL Vanille, gemahlen

18er Mini-Gugl-Backform aus Silikon (Muldengröße Ø 4 cm), Backpapier

Die Haselnüsse mit dem Rohrohrzucker in einer Pfanne karamellisieren und auf einem Stück Backpapier auskühlen lassen. Wenn die Masse abgekühlt ist, das Nusskaramell in kleine Stücke brechen. In der Zwischenzeit die Nougatschokolade sanft über einem Wasserbad schmelzen. Nougatschokolade in die Förmchen verteilen, Haselnusskaramell darüber streuen. Nun in einer weiteren Schüssel die weiße Schokolade über dem heißen Wasserbad schmelzen, mit Vanille vermengen und die Förmchen damit komplett bis zum Rand befüllen. Über Nacht im Kühlschrank fest werden lassen und am nächsten Tag herausdrücken.

Printable
Pâtisserie-Verpackung
☞ S. 109

Honig-Marzipan

nach Königsberger Art

Die Stückzahl richtet sich nach der Grösse der Formen.

- 200 g Mandeln, ganz
- 100 g Akazienhonig, flüssig
- 2 TL Rosenwasser (Apotheke)
- 2 TL Rum
- 10 Tropfen Bittermandelaroma

Metall- oder Silikonformen

Mandeln in eine Schüssel geben, mit kochendem Wasser übergießen und 10 Minuten quellen lassen. Dann das Wasser abgießen und die Schalen abzupfen. Die Mandeln mit etwas Küchenpapier trocknen und so fein wie möglich in der Küchenmaschine zerkleinern. Gemahlene Mandeln mit Akazienhonig, Rosenwasser, Rum und Bittermandelöl verkneten. Das fertige Marzipan in gut gesäuberte Konfektformen aus Metall (Metallformen am besten vorher mit Watte auspolieren) drücken und heraus klopfen. Falls das Marzipan zu klebrig ist, kann es in den Formen für 2–3 Stunden eingefroren werden. Marzipankonfekt dann mit Hilfe eines kleinen Messers herauslösen. Backofengrill auf 200 °C vorheizen. Das Konfekt auf ein mit Backpapier ausgelegtes Backblech legen und die Oberfläche für etwa 1–2 Minuten goldbraun abflammen. Alternativ eignet sich hierfür auch ein Gasbrenner.

FROM SANTA
with
Love
have a very
MERRY
CHRISTMAS
and a happy
NEW YEAR
merry
CHRISTMAS
Baby,
it's cold outside!
merry little
Christmas
Joyeux
NOËL
TIS THE SEASON
to be jolly

Auch wenn es auf den Inhalt ankommt: Zu einem gelungenen Geschenk gehört auch eine liebevolle Verpackung. Es wirkt besonders schön, wenn alle Geschenke unter dem Baum mit Geschenkpapier in einer Farbpalette verpackt werden. Als Dekoration eignen sich Samtbänder, Bommelborten, Blüten, Zweige und alte Schwarz-Weiß-Illustrationen.

Damit jeder sein Geschenk unter dem Baum findet, ist es hilfreich, kleine weihnachtliche Geschenkanhänger an der Verpackung zu befestigen und diese auf der Rückseite zu beschriften.

Printables

Geschenkanhänger & Geschenkpapier „Schneeflocke"

☞ S. 109

Schneekugel

- ein dichtes Schraub- bzw. Einmachglas
- Figuren
- Heißkleberpistole
- Schnee für Schneekugeln (z. B. von „Fimo Accessoires") oder Glitter
- Glycerin (Apotheke)
- Wasserklar (z. B. von „Fimo Accessoires")
- destilliertes Wasser (Drogeriemarkt)

Für eine selbst gebastelte Schneekugel eine Figur, z. B. Pinguin oder Eiffelturm, mit Heißkleber innen am Glasdeckel befestigen und ein paar Stunden gut trocknen lassen. Etwas Schnee oder Glitter, 1 EL Glycerin (verlangsamt den „Schneefall") und ein paar Tropfen Wasserklar in das Glas geben. Mit destilliertem Wasser auffüllen – aber bitte nicht randvoll. Vorher die Menge testen, da die Figur die Flüssigkeit verdrängt. Den Innenrand des Glasdeckels mit Heißkleber bestreichen, dann das Glas zügig und fest verschließen.

Chai-Cupcakes

mit Schokoladensiegel

Diese würzigen Chai-Cupcakes sind eine wundervolle Möglichkeit, um in der Adventszeit eine kleine individualisierte Botschaft zu verschenken. Als Siegelstempelmotiv kann ein weihnachtliches Motiv oder wie bei mir ein schlichtes, hübsches Initial verwendet werden. Stilecht verpackt, ein kleines Stück vom Glück!

FÜR ETWA 12 CUPCAKES

Für die Schokoladensiegel
- 30 g dunkle Schokolade (70% Kakaoanteil), gehackt
- Eiswasser

Für den Teig
- 85 ml Milch
- 3 Beutel Bio-Chai-Tee (z. B. „Yogi Tee Classic“)
- 60 g weiche Butter
- 75 g Vollrohrzucker
- 1 TL Vanille, gemahlen
- 3 Eier
- 130 g Dinkelmehl, Type 630
- 50 g Mandeln, gemahlen
- ½ TL Lebkuchengewürz
- 1½ TL Weinsteinbackpulver
- 1 Prise Salz

Für die Glasur
- 200 g weiße Schokolade, gehackt
- 20 g Butter

12er Muffinform (Muldengröße Ø 5 cm), Papierformen, Backpapier, Siegelstempel

Printable
Single-Cupcake-Box
☞ S. 109

Für die Schokoladensiegel die dunkle Schokolade hacken und sanft über einem Wasserbad schmelzen. Ein mit Backpapier ausgelegtes Backblech bereitstellen. Die Schokolade wieder so fest werden lassen, dass sie noch gießbar ist, aber nicht mehr flüssig verläuft. Mit einem Teelöffel kleine runde Schokoladenklekse auf das Backblech geben. Den Siegelstempel ein paar Sekunden in das Eiswasser tauchen und sehr gründlich mit einem Küchenhandtuch abtrocknen. Dann den Siegelstempel vorsichtig in die Schokolade drücken. Die Schokoladensiegel im Kühlschrank vollkommen aushärten lasen.

In einem kleinen Topf die Milch zum Kochen bringen. Die Teebeutel dazugeben und mit geschlossenem Topfdeckel 15 Minuten ziehen lassen.

Backofen auf 175 °C Ober-Unterhitze vorheizen. Die Teebeutel aus der Milch entfernen und bereitstellen. In einer Schüssel Butter, Vollrohrzucker und Vanille einige Minuten kräftig aufschlagen, bis die Butter fluffig und weiß wird. Einzeln und nacheinander die 3 Eier unter Rühren hinzugeben. Dinkelmehl, Mandeln, Lebkuchengewürz, Weinsteinbackpulver und Salz mischen und mit der aromatisierten Chai-Milch unter Rühren zum Teig geben. Eine Muffinform mit Papierförmchen auslegen und den Teig maximal ⅔ hoch einfüllen. Die Cupcakes in der mittleren Backofenschiene für etwa 18–21 Minuten backen. Mit einem Holzstäbchen in die Cupcakes stechen und testen, ob sie fertig sind. Die Cupcakes aus der Form nehmen und auf einem Kuchengitter auskühlen lassen.

Weiße Schokolade hacken und über einem Wasserbad sanft mit der Butter schmelzen. Die Oberfläche der Cupcakes komplett mit der weißen Schokoladenglasur überziehen und pro Cupcake mittig einen Schokoladensiegel daraufsetzen. Die Cupcakes zum Trocknen für 60 Minuten in den Kühlschrank stellen.

Printable
Geschenk-Labels
☞ S. 109

Maronencreme

Für etwa 400 ml

- » 1 Vanilleschote
- » 200 g Bio-Maronen, vorgegart und vakuumverpackt
- » 100 ml Milch
- » 150 ml Schlagsahne
- » 3 EL Rohrohrzucker
- » 2 EL Vin Santo (italienischer Dessertwein)

Vanilleschote längs aufschneiden und das Mark herauskratzen. Maronen, Milch, Schlagsahne, Rohrohrzucker und Vanilleschote mit Mark in einem Topf zum Kochen bringen. Dann bei kleiner Hitze 10 Minuten kochen lassen. Die Vanilleschote entfernen, alles in ein hohes Gefäß umfüllen und fein pürieren, bis die Masse leicht emulgiert. Vin Santo hinzufügen und noch einmal kurz pürieren. Das Maronenpüree in ein steriles Einmachglas füllen und sofort verschließen.

Apfel-Chutney

Für etwa 250 ml

- » 1 EL Butterschmalz (alternativ: Butter)
- » je ½ TL Bockshornklee, Kumin, grüne Fenchel- und schwarze Senfsamen
- » 500 g säuerliche Äpfel, geschält und gewürfelt
- » ½ rote Chilischote, gewaschen, fein gehackt
- » 5 EL Apfelessig, 50 ml Wasser
- » 2 EL Rohrohrzucker
- » 1 TL Kurkumapulver, etwas Salz

Butterschmalz in einem Topf erhitzen und die Gewürze darin etwa 1 Minute anrösten. Apfel- und Chilistücke hinzugeben und durchrühren. Apfelessig, Wasser, Rohrohrzucker und Kurkuma dazugeben sowie leicht salzen. Das Chutney offen bei geringer Hitze etwa 30 Minuten einkochen lassen, bis eine dickflüssige, marmeladenartige Masse entstanden ist. Dabei immer wieder umrühren. Dann das Apfel-Chutney in ein steriles Einmachglas füllen und sofort verschließen.

Rosmarinsalz

Für etwa 600 g Salz

- » 4 Bio-Zitronen, unbehandelt
- » 600 g Bio-Meersalz
- » 8 EL Rosmarinnadeln, fein gehackt

Zitronen heiß abspülen und mit einer Bürste abschrubben. Zitronenschale fein abreiben und mit dem Salz mischen. Salzmischung auf mehrere mit Backpapier ausgelegte Backbleche flach verteilen und nacheinander im vorgeheizten Backofen bei 100 °C Ober-Unterhitze ca. 30 Minuten trocknen. Danach auskühlen lassen, mit den Rosmarinnadeln vermischen und in sterilen Gläsern luftdicht verschließen.

Vanillezucker

Für etwa 400 g Zucker

- » 2 Vanilleschoten, ausgeschabt
- » 400 g Rohrohrzucker

Auf diese Art können hart gewordene und bereits ausgeschabte Vanilleschoten weiter verwendet werden. 100 g des Rohrohrzuckers mit den Vanilleschoten in der Küchenmaschine fein zerkleinern. Mit dem übrigen Zucker vermischen und in Gläser luftdicht abfüllen.

Joyeux
NÖEL

Parmesan-Herzen

mit Rosmarin & rosa Pfefferbeeren

Die Stückzahl richtet sich nach der Grösse der Ausstechformen.

Für den Teig

» 200 g Dinkelmehl, Type 630
» ½ TL Salz
» etwas schwarzer Pfeffer, frisch gemahlen
» 100 g Parmesan, frisch gerieben
» 2 EL Rosmarinnadeln, fein gehackt
» 125 g kalte Butter
» 1 Ei

Zum Bestreichen & Bestreuen

» 1 Eigelb und 1 EL Milch
» 2 EL rosa Pfefferbeeren

Herz-Keksausstecher

Alle Teigzutaten zu einem Mürbteig verkneten. Zu einer Kugel formen, in Frischhaltefolie wickeln und etwa 60 Minuten im Kühlschrank ruhen lassen.

Backofen auf 180 °C Ober-Unterhitze vorheizen. Den Teig auf einer gut bemehlten Arbeitsfläche ca. 5 mm dick ausrollen und Herzen ausstechen. Diese auf mit Backpapier ausgelegte Backbleche legen. Eigelb und Milch glatt rühren, die Herzen damit bestreichen und mit rosa Pfefferbeeren bestreuen.
Die Parmesan-Herzen portionsweise in der mittleren Backofenschiene ca. 15–20 Minuten backen.

Vanille-Fingerhut-Kringel

mit Sauerrahm

Die Stückzahl richtet sich nach der Grösse der Ausstechformen.

Für den Teig

» 250 g Dinkelmehl, Type 630
» 150 g kalte Butter
» 2 EL Vanille-Rohrohrzucker
» 150 g saure Sahne

Zum Bestreichen bzw. Bestreuen

» 1 Eigelb und 1 EL Milch
» 75 g Hagelzucker

Terrassen-Keksausstecher (rund-gewellt)

Alle Teigzutaten in einer Schüssel rasch zu einem Mürbteig verarbeiten und dabei nicht zu lange kneten. Zu einer Kugel formen, in Frischhaltefolie wickeln und etwa 60 Minuten im Kühlschrank ruhen lassen. Backofen auf 175 °C Ober-Unterhitze vorheizen. Den Teig auf einer gut bemehlten Arbeitsfläche 4–5 mm dünn ausrollen und geriffelte Kreise (Ø 4–5 cm) ausstechen. Mit einem kleinen runden Ausstecher (Ø etwa 1,5–2 cm) oder einem Fingerhut mittig Innenkreise ausstechen. Teigreste und Innenkreise verkneten, den Teig wieder ausrollen und erneut Kringel ausstechen. Die Kringel auf mit Backpapier ausgelegte Backbleche legen. Eigelb und Milch glatt rühren. Mit der Mischung die Kringel bestreichen und mit Hagelzucker bestreuen. Die Kringel portionsweise in der mittleren Backofenschiene etwa 17–20 Minuten goldgelb backen.

White Christmas

Vom Plattenteller erklingt die samtig-weiche Stimme von Bing Crosby und singt „White Christmas“. Das Haus ist festlich geschmückt, der Tannenbaum steht strahlend schön im hellen Lichterglanz und auf die Gäste wartet eine elegant gedeckte Tafel. Ganz gleich, ob es an Heilig Abend regnet oder schneit: Wir feiern ein himmlisches Weihnachtsfest ganz in Weiß und genießen ein feines Festtagsmenü mit Kürbis, Petersilienwurzeln, Steinpilzen und Birnen. Nachdem alle Geschenke ausgepackt sind, gibt es als krönenden Abschluss einen zauberhaften, schokoladigen Tortentraum – ebenfalls ganz in Weiß.

Kürbis-Bruschetta

mit Rosmarin & Ricotta

Eigentlich führt beim Backen das Einhalten der genauen Zutatenmengen zum perfekten Ergebnis. Bei diesem köstlichen Antipasto hingegen zählen keine genauen Mengenangaben. Ein köstliches Kürbis-Bruschetta „alla mamma"! Es ist perfekt, um die Weihnachtsgäste zu begrüßen. Am besten als Amuse-Bouche mit einem Gläschen rosa Cidre mit Granatapfelkernen (S. 63) oder trockenem Prosecco servieren.

Für etwa 8 Bruschette

Für die Bruschette
- 1 kleiner bis mittelgroßer Butternusskürbis
- Olivenöl
- Salz
- Chiliflocken, getrocknet
- 8 Rosmarinzweige
- 3 Knoblauchzehen, geschält und grob gehackt
- 1 EL Parmesan oder Pecorino, frisch gerieben
- 2 EL Ricotta
- 8 Scheiben Sauerteigbrot oder Ciabatta (ca. 1,5–2 cm breit)

Zum Fertigstellen
- 1 Knoblauchzehe, geschält
- Olivenöl
- etwas Parmesan oder Pecorino, frisch gerieben

Backofen auf 200 °C Ober-Unterhitze vorheizen. Butternusskürbis waschen und längs halbieren, Kerngehäuse mit einem Esslöffel entfernen und die Kürbishälften längs in 4 gleich große Spalten schneiden. Kürbisspalten nebeneinander in eine Auflaufform legen und mit Olivenöl beträufeln. Mit Salz und ein paar Chiliflocken bestreuen. Die Rosmarinzweige und die grob zerkleinerten Knoblauchzehen darüber verteilen. Den Kürbis nun für etwa 40 Minuten in der mittleren Backofenschiene garen, bis das Fleisch weich ist.

Anschließend den Kürbis herausholen und etwas auskühlen lassen. Die nun getrockneten Rosmarinzweige beiseite legen. Mit einem Löffel das Kürbisfleisch von der Schale abstreifen und in eine Schüssel geben. Etwas Öl aus der Auflaufform zum Kürbisfleisch geben. Das Kürbisfleisch mit einer Gabel grob zerdrücken. Dann den Parmesan oder Pecorino sowie den Ricotta untermengen. Ein paar von den knusprig-gebackenen Rosmarinnadeln abstreifen, mit den Fingern zerdrücken und ebenfalls mit einem extra Schuss Olivenöl untermischen. Dann die Kürbiscreme abschmecken.

Die Brotscheiben in einer Grillpfanne – ohne Zugabe von Öl – oder unter dem Grill des Backofens von beiden Seiten goldbraun rösten. Auf einer Seite der Brotscheiben die geschälte Knoblauchzehe ein wenig auf- und abstreichen und mit etwas Olivenöl beträufeln. Etwas von der Kürbiscreme auf jeder Brotscheibe verteilen, einen Hauch Parmesan oder Pecorino darüber reiben, einen kleinen Zweig von dem gerösteten Rosmarin und noch einen winzigen Schuss Olivenöl darauf geben. Idealerweise sollte Bruschetta frisch bzw. lauwarm serviert werden – sonst weicht das Brot zu sehr durch.

merry little
Christmas

Es sind die kleinen Dinge, die einen Tisch zu einer festlichen Tafel machen. Weißes Geschirr wirkt lässig, klassisch und festlich zugleich. Zusammen mit einer weißen Tischdecke entsteht so eine perfekte Bühne für individuelle, liebevolle Dekorationen. So können Großmutters antike Schätze und moderne Stücke gemeinsam wirkungsvoll inszeniert werden. Auch der Weihnachtsbaum wurde mit einer Mischung aus altem und neuem Christbaumschmuck in Silber und Weiß geschmückt.

Zur Begrüßung am Tisch erwarten die Gäste Honigkuchen (S. 47) und kleine Platzkarten. Bei mir dürfen Weihnachtskekse auch mal aus der Reihe fallen und mit frankophilem Charme gebacken werden – wie der Eiffelturm, der mit einer Satinschleife und einem Sternpicker dekoriert wurde.

Als Aperitif zum Bruschetta (S. 61) dürfen sich die Gäste auf rosa Cidre mit Granatapfelkernen freuen. Für die Papier-Strohhalme wurden aus weißem Seidenpapier wunderhübsche Papierblüten gebastelt, die an Christrosen erinnern.

Petersiliensüppchen

mit Vanille-Knoblauch-Crôutons & Belugalinsen

Die Petersilienwurzel ist ein herrliches, vielfältiges Wintergemüse, welches ab Ende Oktober erhältlich ist und seiner Verwandten, der Pastinake, täuschend ähnlich sieht. Geschmacklich hat sie mehr zu bieten als die klassische Blattpetersilie. Sie schmeckt kräftig als auch würzig und verleiht Suppen einen einzigartigen Geschmack.
So auch in dieser Version – mit raffinierten Crôutons und nussig-feinen Belugalinsen, die wie Kaviar wirken.

Für 4 Personen

Für die Suppe
» 1 EL Olivenöl
» 2 Schalotten, fein gewürfelt
» 500 g Petersilienwurzel, geschält und gewürfelt
» 700 ml Bio-Gemüsebrühe oder selbst gekochte Brühe
» 200 ml Weißwein (trocken)
» 150 ml Schlagsahne
» Salz
» Muskatnuss, frisch gerieben
» schwarzer Pfeffer, frisch gemahlen

Für die Crôutons
» 4 Scheiben Toastbrot
» 2 EL Olivenöl
» 1 Vanilleschote
» 2 Knoblauchzehen

Für die Suppeneinlage
» 50 g Belugalinsen
» ein kleines Bund glatte Petersilie

Stern-Keksausstecher

Für die Suppeneinlage die Belugalinsen waschen und nach der Packungsanweisung bissfest garen. Abtropfen lassen und beiseitestellen.

Für die Suppe das Olivenöl in einem großen Topf erhitzen und darin die gewürfelten Schalotten auf kleinster Stufe etwa 5 Minuten unter gelegentlichem Rühren dünsten. Dann die Petersilienwurzelwürfel hinzugeben und ein paar weitere Minuten dünsten. Das Gemüse mit der Gemüsebrühe und dem Weißwein ablöschen und zum Kochen bringen. Die Hitze dann auf die kleinste Stufe reduzieren und die Suppe etwa 20 Minuten mit geschlossenem Topfdeckel unter dem Siedepunkt garen.

Für die Crôutons mit dem Keksausstecher aus den Toastbrotscheiben Sterne ausstechen. Olivenöl in einer Pfanne erhitzen. Vanilleschote längs aufschneiden, das Mark herauskratzen, die Knoblauchzehen mit einer großen Messerklinge andrücken, alles in die Pfanne geben und verrühren. Dann die Stern-Crôutons von beiden Seiten goldbraun rösten. Anschließend die Crôutons auf Küchenpapier abtropfen lassen.

Nach der Garzeit der Suppe die Schlagsahne hinzugeben und alles fein pürieren, bis die Suppe eine cremige Konsistenz besitzt. Die Suppe mit Salz, Muskatnuss und Pfeffer abschmecken.

Die Suppe in vorgewärmte Suppenteller oder -schalen füllen. Auf jeden Teller ein paar Belugalinsen, gehackte Petersilie und die Stern-Crôutons verteilen.

Steinpilzrisotto

mit gegrillten Waldpilzen

FÜR 4 PERSONEN

Für den Risotto

- 1½ l Bio-Gemüsebrühe oder selbst gekochte Brühe
- 40 g getrocknete Steinpilze
- 1 EL Olivenöl
- 2 Schalotten, geschält und sehr fein gewürfelt
- 400 g Risotto-Reis (Arborio)
- 150 ml Weißwein (trocken)
- 25 g kalte Butter
- 80 g Parmesan, frisch gerieben
- Salz
- schwarzer Pfeffer, frisch gemahlen

Für die Pilze

- 300 g gemischte Pilze (z. B. Zitronenseitlinge, Shiitake, Austernpilze, Kräuterseitlinge, Maronen, Steinpilze, Pfifferlinge) gesäubert
- Olivenöl
- Salz
- Chiliflocken, getrocknet
- 1 TL Zitronensaft
- 1 TL Schalenabrieb einer Bio-Zitrone
- ein paar gemischte Kräuter (z. B. Basilikum, Rosmarin, Thymian, Petersilie), Blätter grob gehackt

Zum Servieren

- Olivenöl
- Parmesan, frisch gerieben
- Kräuter

Die Brühe in einem Topf zum Kochen bringen, dann auf kleinster Stufe warm halten. Die getrockneten Steinpilze in eine Schüssel geben, mit etwas kochendem Wasser übergießen – sodass alle Pilze bedeckt sind – und 10 Minuten ziehen lassen.

Dann die Steinpilze aus der Einweichflüssigkeit abgießen – dabei den Pilzsud auffangen – und grob hacken. In einem großen Topf Olivenöl erhitzen und darin die Schalotten auf kleinster Stufe ca. 10 Minuten anschwitzen, sodass sie möglichst kaum Farbe bekommen. Nun die Temperatur auf die höchste Stufe stellen, den Reis hinzufügen und gut umrühren. Mit dem Weißwein ablöschen und so lange weiter rühren, bis der Reis die Flüssigkeit komplett aufgesogen hat. Die Hitze wieder auf die kleinste Stufe stellen. Den Pilzsud bis auf einen kleinen Rest zu dem Reis geben. In dem kleinen Rest ist immer etwas Sand enthalten. Daher diesen einfach zurück behalten. Den Risotto immer weiter rühren und nun die Steinpilze sowie eine Kelle Brühe zu dem Reis geben. Die nächste Kelle Brühe folgt erst, wenn der Reis unter Rühren die Flüssigkeit vollständig aufgesogen hat. Auf diese Weise fortfahren, bis der Reis nach etwa 30 Minuten gar ist, aber noch etwas Biss besitzt.

Ca. 15 Minuten vor Ende der Risotto-Garzeit eine Grillpfanne ohne Zugabe von Öl stark erhitzen. Die gesäuberten Pilze in mundgerechte Stücke teilen. Dann die Pilze portionsweise (nicht zu viele auf einmal, sonst entwickeln sie viel Schwitzwasser) ohne Zugabe von Öl grillen. Die Pilze in eine Schüssel geben und mit einem kräftigen Spritzer Olivenöl, Salz, Chiliflocken und dem Zitronensaft sowie -schalenabrieb abschmecken. Zuletzt die Kräuter untermischen.

Den Risotto vom Herd nehmen, die Butter und den Parmesan unterrühren und bei geschlossenem Topfdeckel 2–3 Minuten ohne Hitze ruhen lassen. Anschließend den Risotto mit Salz und Pfeffer abschmecken. Die Konsistenz sollte cremig-dickflüssig und etwas „schlotzig“ sein. Falls der Reis zu dick ist, noch etwas Brühe hinzugeben. Zum Servieren den Risotto auf vier Teller geben, darüber die Pilze verteilen. Pro Teller einen guten Spritzer Olivenöl sowie etwas geriebenen Parmesan und ein paar Kräuter darüber geben.

Aus Liebe.

Birne Helene Tartelettes

mit Kardamom-Parfait & Schokoladensoße

Poire belle Hélène – Birne Helene – ist ein Dessert der klassischen französischen Haute Cuisine, welches um 1870 von Auguste Escoffier kreiert wurde. Und zwar als Jacques Offenbachs Operette „Die schöne Helena" in Paris aufgeführt wurde. Dieser Klassiker in neuem Gewand lässt sich als Dessert-Highlight gut vorbereiten und ist schnell gemacht. Die Kombination aus heiß und kalt sowie knusprig und cremig-weich ist einfach nur genial!

Für 8 Tartelettes

Für das Kardamom-Parfait

» 3 sehr frische Eier
» 100 g Rohrohrzucker
» 1 TL Kardamom, frisch gemahlen
» ½ TL Zimt
» ½ TL Vanille, gemahlen
» 250 ml Schlagsahne

Für die Tartelettes

» 4 kleine reife, aber noch feste Birnen (ca. 400 g)
» ¼ l Weißwein (trocken)
» ¼ l Wasser
» 50 g Rohrohrzucker
» ½ Vanilleschote
» Saft und Schalenabrieb einer halben Bio-Zitrone
» ½ Packung frischer Blätterteig (Kühlware)

Für die Schokoladensoße

» 100 g dunkle Schokolade (70% Kakaoanteil)
» 150 g Schlagsahne

Für die Dekoration – optional

» kandierte (Horn-)Veilchen

Am Vorabend: Für das Parfait die Eier trennen. Eigelb mit 80 g Rohrohrzucker einige Minuten in einer Schüssel schaumig schlagen, dann Kardamom, Zimt und Vanille unterrühren. Eiweiß mit dem restlichen Rohrohrzucker separat steif schlagen. Die Schlagsahne ebenfalls separat steif schlagen. Schlagsahne und Eischnee portionsweise und vorsichtig mit einem Schneebesen unter die Eigelbmasse heben. Alles in eine Form mit Deckel füllen und über Nacht tiefkühlen.

Für die Tartelettes die Birnen schälen, halbieren und das Kerngehäuse entfernen. Weißwein, Wasser, Rohrohrzucker, halbierte Vanilleschote sowie Zitronensaft und -schale in einem Topf zum Kochen bringen. Die Birnen bei schwacher Hitze etwa 10 Minuten im Sud pochieren und anschließend darin – idealerweise über Nacht – auskühlen lassen.

Am Folgetag: Backofen auf 210 °C Ober-Unterhitze vorheizen. Aus dem Blätterteig 8 Kreise ausstechen, die etwas größer als die Birnenhälften sind. Birnen gut abtropfen lassen und unten fächerförmig einschneiden. Die Blätterteigkreise auf ein mit Backpapier ausgelegtes Backblech legen und jeweils eine Birnenhälfte darauf setzen. In der mittleren Backofenschiene etwa 10–12 Minuten goldgelb backen.

Für die Schokoladensoße die Schlagsahne zum Kochen bringen. Die dunkle Schokolade hacken, mit der Schlagsahne übergießen und glatt rühren. Die warmen Tartelettes mit den kandierten (Horn-)Veilchen dekorieren und mit dem Kardamom-Parfait servieren. Die heiße Schokoladensoße gesondert dazu reichen.

White Christmas Cake

mit weißer Schokolade & Mohn

Für eine Torte mit 5 Schichten (Ø 13 cm)

Für den Teig

- 90 g weiche Butter
- 100 g Rohrohrzucker
- ½ TL Vanille, gemahlen
- 3 Eier
- 160 g Dinkelmehl, Type 630
- 50 g Blaumohn
- 2 TL Weinsteinbackpulver
- 1 Prise Salz
- 100 ml Milch
- etwas Butter und Mehl für die Backformen

Für die Füllung und das Frosting

- 150 g weiße Schokolade
- 300 ml Schlagsahne
- 1 Päckchen Bio-Sahnestand
- 250 g Mascarpone

5 Backformen (Ø 13 cm), Spritzbeutel, offene Sterntülle

Für die Füllung und das Frosting die weiße Schokolade hacken und in ein hohes Gefäß geben. In einem Topf die Schlagsahne zum Kochen bringen und über die Schokolade gießen. Mit einem Löffel glatt rühren, bis sich die Schokolade komplett aufgelöst hat. Die Schokoladensahne auf Zimmertemperatur abkühlen lassen und dann abgedeckt ein paar Stunden im Kühlschrank ruhen lassen.

Backofen auf 175 °C Ober-Unterhitze vorheizen. Für den Teig in einer Schüssel Butter, Rohrohrzucker und Vanille einige Minuten kräftig aufschlagen, bis die Butter fluffig und weiß wird. Einzeln und nacheinander die 3 Eier unter Rühren hinzugeben. Dinkelmehl, Blaumohn, Weinsteinbackpulver und Salz mischen. Unter Rühren die Mehlmischung mit der Milch portionsweise in den Teig geben. Den Teig in 5 gleiche Portionen aufteilen. Die Backformen gut einfetten, mit etwas Mehl ausstäuben und mit Teig befüllen. Die Böden in der mittleren Backofenschiene für etwa 18–21 Minuten backen. Mit einem Holzstäbchen testen, ob sie fertig sind. Die Böden aus der Form nehmen und auf einem Kuchengitter auskühlen lassen.

Für die Füllung und das Frosting die kalte Schokoladensahne mit dem Sahnestand steif schlagen. Dann den Mascarpone mit einem Schneebesen vorsichtig unterheben. Zum Zusammensetzen den ersten Tortenboden auf eine Tortenplatte legen und mit etwas Schokoladensahne bestreichen. Den nächsten Boden daraufsetzen und so fortfahren, bis alle Böden zusammengesetzt sind. Den letzten Boden mit der Unterseite nach oben auf die Torte setzen. Die gesamte Torte mit einer dünnen Schicht Schokoladensahne überziehen und für eine halbe Stunde in den Kühlschrank stellen. Dann die Torte mit einer dickeren Schicht Schokoladensahne überziehen. Die restliche Schokoladensahne in einen Spritzbeutel mit offener Sterntülle füllen und die Tortenoberfläche mit Rosetten verzieren. Vor dem Servieren die Torte für eine halbe bis eine Stunde in den Kühlschrank stellen.

Baby, It's Cold Outside

Draußen rieselt leise der Schnee – die Natur ruht sanft im Winterschlaf. Nach einer ausgiebigen Schlittenpartie im märchenhaften Winterwald kommt der Hunger wie von selbst. Drinnen, im kuschelig warmen Heim, duftet es schon vom Herd und aus dem Ofen nach süßen und deftigen Verführungen. Kleine Seelentröster für kalte Wintertage, die Bauch und Seele streicheln, verwöhnen Groß und Klein. Entspannte Stunden auf dem Sofa mit einem guten Roman oder einem Schwarz-Weiß-Filmklassiker wie „Manche mögen's heiß", frisch gebackenen Waffeln und einer heißen Schokolade schenken neue Energie und Tatendrang.

Roasted Banana Pancakes

mit Ricotta, Ahornsirup & Walnüssen

Als meine Eltern eines Abends in einem italienischen Restaurant essen gingen, lernten sie durch Zufall eine alte Dame mit ihrer Enkeltochter kennen. Da das Restaurant überfüllt war, fragte der Kellner höflich, ob sich die beiden mit an den Tisch meiner Eltern setzen durften. Es stellte sich heraus, dass die alte Dame einmal in meiner alten Heimatstadt gelebt hatte. Aber nun wohnte sie schon seit Jahrzehnten in New York und wollte ihrer Enkeltochter ihre alte Heimat zeigen. Aus dieser Begegnung entstand zwischen dieser und meiner Familie eine jahrelange Brieffreundschaft. Bei einem Besuch in New York trafen wir uns dann zu einem gemeinsamen Frühstück in einem Restaurant. Im Nachhinein erinnert mich die ganze Restaurant-Szenerie sehr an „Sex and the City“. Nun ist es nicht mehr schwer zu erraten, was ich dort zum allerersten Mal in meinem Leben gegessen habe und bis heute sehr liebe …

Für etwa 12–14 Stück (Ø 10–12 cm)

Für den Pfannkuchenteig

» 3 Eier
» 1 Prise Salz
» 75 g Dinkelmehl, Type 630
» 75 g Dinkelvollkornmehl
» 1 TL Weinsteinbackpulver
» 250 g Ricotta
» ½ TL Vanille, gemahlen
» 250 ml Milch
» 4 Bananen
» neutrales Pflanzenfett oder Butter zum Braten

Zum Servieren

» 4 EL Walnüsse, gehackt
» nach Belieben: Ahornsirup

Für den Pfannkuchenteig die Eier trennen. In einer Schüssel das Eiweiß mit einer Prise Salz steif schlagen. Beide Mehlsorten mit Weinsteinbackpulver vermischen. In einer weiteren Schüssel Eigelb, Ricotta und Vanille glatt rühren. Portionsweise die Mehlmischung und Milch unter Rühren hinzugeben, bis ein glatter Pfannkuchenteig entstanden ist. Den Teig ca. 10 Minuten quellen lassen.

Bananen schälen und in Scheiben schneiden. In einer Pfanne etwas Fett erhitzen, etwas Pfannkuchenteig mit einem Löffel einfüllen und den Pfannkuchen mit Bananenscheiben belegen. Den Pfannkuchen von beiden Seiten goldbraun backen. Auf diese Art fortfahren, bis der Teig sowie die Bananenscheiben verbraucht sind.

Zum Servieren die Pfannkuchen mit Walnüssen bestreuen und Ahornsirup darüber gießen.

Mandel-Gugelhupf

mit weißer Schokolade & Vanille

Mandelmehl besteht, wie man vom Namen her vermuten könnte, nicht einfach nur aus gemahlenen Mandeln. Es entsteht als Nebenprodukt bei der Herstellung von Mandelöl. Dieses entölte Mehl ist sehr trocken und nimmt in Teigen sehr viel Flüssigkeit auf. Dadurch entsteht in Kuchen und Gebäck eine einmalige Saftigkeit. Der Geschmack ist erdig und nussig zugleich und harmoniert perfekt mit weißer Schokolade und Vanille. Ein himmlischer und sogar glutenfreier Genuss für kalte Wintertage!

Für einen Gugelhupf

Für den Teig

» 50 g weiße Schokolade
» 120 g weiche Butter
» 85 g Vollrohrzucker
» 1 TL Vanille, gemahlen
» 3 Eier
» 200 ml Milch oder Mandelmilch
» 1 EL Rum
» 150 g Bio-Mandelmehl, extra fein, teilentölt
» 100 g Mais-Speisestärke
» 2 TL Weinsteinbackpulver
» 1 Prise Salz
» etwas Butter und Bio-Mandelmehl für die Backform

Für die Glasur

» 50 g weiße Schokolade

Für die Dekoration – optional

» kleine Baisertropfen

Gugelhupfbackform (Ø 16 cm) oder englische Puddingform (Ø 14 cm)

Backofen auf 175 °C Ober-Unterhitze vorheizen. Weiße Schokolade über einem Wasserbad sanft schmelzen und beiseitestellen.

Butter, Vollrohrzucker und Vanille mehrere Minuten fluffig aufschlagen. Einzeln und nacheinander die 3 Eier unter Rühren hinzugeben. Milch oder Mandelmilch sowie Rum hinzufügen. Mandelmehl, Mais-Speisestärke, Weinsteinbackpulver und Salz vermischen und sieben. Die Mehlmischung mit der geschmolzenen weißen Schokolade portionsweise unter Rühren zum Teig geben. Dabei den Teig nur kurz verrühren, sodass alles miteinander vermischt ist.

Die Gugelhupfbackform gut mit Butter einfetten und mit etwas Mandelmehl ausstäuben. Den Teig einfüllen und den Gugelhupf in der mittleren Backofenschiene für etwa 60 Minuten backen. Mit einem Holzstäbchen in den Gugelhupf stechen und testen, ob er fertig ist. Den Gugelhupf aus dem Ofen holen und richtig auskühlen lassen. Denn wenn der Gugelhupf zu früh gestürzt wird, kann er zerbrechen.

Die restliche Schokolade ebenfalls über einem Wasserbad schmelzen und den Gugelhupf damit überziehen.
Nach Belieben mit kleinen Baisertropfen dekorieren.

English Muffins

mit Eggs „Easy all over“ & Baby-Blattspinat

Gebratene Eier à la Egg „Easy all over“ sind im Hause Herzblut ein beliebter Standard geworden. Diesen haben wir einem britischen Koch zu verdanken, der uns auf unserer Hochzeit bekochte. Er servierte die Eier zu seinem englischen Frühstücksangebot genau auf diese Art. Das Eiweiß wird beim Braten einfach – also „easy“ – und lässig über das Eigelb geklappt. Daher stammt auch der Name. In Kombination mit English Muffins sind sie einfach traumhaft! Aber English Muffins schmecken auch lauwarm, ganz schlicht mit Butter himmlisch!

Für etwa 10 Stück
(Ø 7–8 cm)

Für die English Muffins

- 50 g Butter
- 125 ml Milch
- 125 ml Wasser
- 10 g frische Hefe
- 1 TL Salz
- 1 Prise Rohrohrzucker
- 375 g Dinkelmehl, Type 630
- Mehl und Hartweizengrieß zum Bestäuben bzw. Bestreuen

Für die Füllung – für jeweils einen English Muffin

- ½ reife, weiche Avocado
- 1 Ei
- Butter zum Braten
- 10 g Baby-Blattspinat, gewaschen und verlesen
- Salz

Kreisausstecher (Ø 7–8 cm)

Für den Hefeteig die Butter bei geringer Hitze in einem Topf schmelzen. Milch und Wasser hinzugeben und lauwarm erwärmen. Hefe, Salz und Rohrohrzucker in der lauwarmen Flüssigkeit auflösen. Mehl in eine Schüssel geben, in die Mitte eine Mulde drücken und die Flüssigkeit hineingießen. Die Flüssigkeit mit Mehl bestäuben bzw. bedecken und den Vorteig 10 Minuten gehen lassen. Dann alles zu einem Teig verarbeiten und eine Weile kneten, bis er weich, geschmeidig und glänzend ist. Mit einem sauberen Küchenhandtuch abdecken und an einem warmen Ort 60 Minuten gehen lassen.

Anschließend den Teig durchkneten und auf der gut bemehlten Arbeitsfläche ca. 2 cm dick ausrollen. Mit einem Kreisausstecher oder Glas ca. 10 Kreise ausstechen und diese in etwas Hartweizengrieß wenden. Auf ein mit Backpapier belegtes Backblech setzen und abgedeckt noch mal 30 Minuten gehen lassen. Eine Pfanne ohne Öl auf mittlerer Stufe vorheizen. Dann die Hitze auf die kleinste Stufe reduzieren. Um zu testen, ob die Pfanne die richtige Temperatur erreicht hat, am besten einen Probemuffin backen. Die English Muffins sollten nicht zu schnell bräunen, sonst verbrennen sie, bevor sie innen durchgebacken sind. Wenn die Pfanne die richtige Temperatur besitzt, die English Muffins nacheinander auf jeder Seite ca. 5 Minuten hell-goldgelb backen.

Für die Füllung das Avocado-Fruchtfleisch mit einem Esslöffel herauslösen. In einer Pfanne etwas Butter erhitzen. Das Ei aufschlagen und erst wie ein Spiegelei in die Pfanne geben. Sobald das Eiweiß stockt, mit 2 Pfannenwendern das Eiweiß zu einem Halbkreis über das Eigelb klappen, so, dass das Eigelb komplett umhüllt ist – ähnlich wie bei pochierten Eiern. Dann das Ei einmal wenden. Einen English Muffin halbieren, die untere Hälfte mit etwas Blattspinat und Avocado belegen. Dann das Ei darauflegen, mit Salz bestreuen und den Deckel daraufsetzen.

Winter-Minestrone

mit Spinat-Ricotta-Nocken

FÜR 4 PERSONEN

Für die Nocken

» 350 g TK-Blattspinat
» 150 g Ricotta
» 50 g Parmesan, frisch gerieben
» 125 g Weizenmehl, Type 550
» 2 Eier
» Salz
» schwarzer Pfeffer, frisch gemahlen
» Muskatnuss, frisch gerieben

Für die Minestrone

» 350 g Dicke Bohnen (TK)
» 400 g Möhren
» 120 g Staudensellerie
» 350 g ganze Tomaten mit Saft, eingelegt und geschält
» 1 Zwiebel
» 1 Knoblauchzehe
» 1 EL Olivenöl
» 1 Lorbeerblatt
» 100 ml Weißwein (trocken)
» 2 Stiele Basilikum
» 1 l Bio-Gemüsebrühe oder selbst gekochte Brühe
» Salz
» schwarzer Pfeffer, frisch gemahlen

Zum Servieren

» etwas Parmesan, frisch gerieben
» ein paar Kräuter wie Basilikum, Majoran oder glatte Petersilie

Für die Nocken den Spinat auftauen lassen. Dann das Auftauwasser gut ausdrücken und Spinat fein hacken. Mit Ricotta, Parmesan, Weizenmehl und Eiern zu einer zähen Masse verrühren. Mit Salz, Pfeffer und Muskatnuss abschmecken.
Die Spinat-Ricotta-Mischung etwa 20 Minuten quellen lassen.

Für die Minestrone die Dicken Bohnen 3 Minuten in Salzwasser kochen, danach sofort in Eiswasser abschrecken. Die Bohnenkerne aus der dicken Hülle drücken. Möhren schälen und in ca. 8 mm dicke Scheiben schneiden. Staudensellerie putzen und in 1 cm große Stücke schneiden. Tomaten würfeln, dabei die Flüssigkeit auffangen. Zwiebel und Knoblauchzehe schälen und fein würfeln.

Olivenöl in einem großen Topf erhitzen. Zwiebel- und Knoblauchstücke darin bei kleiner Hitze etwa 5 Minuten andünsten. Dann Möhren, Sellerie und Lorbeerblatt hinzugeben und etwa 5 Minuten bei niedriger Temperatur dünsten. Weißwein, Basilikum, Gemüsebrühe und Tomatenwürfel sowie -saft dazugeben. Minestrone kurz aufkochen und bei kleiner Hitze etwa 8–10 Minuten weiter kochen. Nach 2 Minuten die Dicken Bohnen zur Minestrone geben. Anschließend mit Salz und Pfeffer abschmecken.

Inzwischen in einem großen Topf gut gesalzenes Wasser zum Kochen bringen. Mit zwei befeuchteten Esslöffeln Nocken aus der Spinatmasse formen. Die Hitze des Wassers etwas reduzieren. Die Nocken im leicht siedenden Salzwasser ca. 5 Minuten gar ziehen lassen, bis sie an die Oberfläche steigen. Dann mit einer Schaumkelle herausnehmen.

Die Nocken in tiefen Tellern anrichten. Darüber die Minestrone geben. Mit etwas geriebenem Parmesan und Kräutern bestreut servieren.

Schokoladenpudding

mit Sahne & Haselnüssen

Seit den 1950er Jahren ist es mehr als einfach, einen Pudding zu kochen. Denn damals erfanden Molkereien und Lebensmittelfirmen das Puddingpulver. Vorher wurde Pudding mit Eiern und Stärke gebunden. Danach hieß es: Einfach Tüte aufmachen und das angerührte Pulver zur kochenden Milch geben. Dabei ist es ganz simpel, einen Pudding von Grund auf selbst zu kochen. Dafür benötigt man noch nicht einmal viele Zutaten. Wer es einmal ausprobiert hat, wird spätestens nach dem ersten Löffel überzeugt sein. Selbst gekochter Schokoladenpudding schmeckt einfach wunderbar cremig und beschert lauwarm genossen wahre Winter-Glücksmomente!

Für 2 grosse oder mehrere kleine Portionen

Für den Pudding

» 400 ml Milch
» 100 ml Schlagsahne
» 50 g dunkle Schokolade (70% Kakaoanteil), gehackt
» 35 g Speisestärke
» 1 EL Kakaopulver, ungesüßt
» 50 g Rohrohrzucker
» ½ TL Vanille, gemahlen

Für das Topping – nach Belieben

» 2 EL Schokoladenstücke
» 2 EL Haselnüsse, gehobelt

Für den Pudding 200 ml Milch und die Schlagsahne in einen Topf geben, die Schokolade hinzufügen und unter Rühren bei kleiner Hitze zum Schmelzen bringen. Die restliche Milch mit Speisestärke, Kakaopulver und Rohrohrzucker mit dem Schneebesen verrühren, bis keine Klümpchen mehr vorhanden sind.

Die Schokoladenmilch unter Rühren zum Kochen bringen und die Kakao-Speisestärke-Mischung einrühren. Unter Rühren nochmals kurz aufkochen. Lauwarm oder kalt servieren. Für den extra Schoko-Kick ein paar Schokoladenstücke über den Pudding streuen und optional mit gehobelten Haselnüssen anrichten.

Maccheroni-Cheese

mit Mangold & Steinpilzen

Ein deftiger, unkomplizierter Auflauf ist an ungemütlichen, stürmischen Wintertagen für eine heimelige Behaglichkeit genau das Richtige. Während der Auflauf im Ofen vor sich hinbrutzelt und sich langsam der köstliche Duft von Käse, Weißwein und Steinpilzen verbreitet, mache ich es mir mit einer warmen Wolldecke und einem guten Roman auf dem Sofa gemütlich.

Für 4 Personen

Für den Auflauf

- » 500 g Hartweizen-Maccheroni
- » 20 g getrocknete Steinpilze
- » 200 g Mangold
- » 300 g frische, braune Champignons
- » 1 kleines Bund Majoran oder Oregano
- » 1 EL Olivenöl
- » 1 Knoblauchzehe, geschält und in dünne Scheiben geschnitten
- » 100 ml Weißwein
- » 400 g Schlagsahne
- » 200 g Parmesan, frisch gerieben
- » Salz
- » schwarzer Pfeffer, frisch gemahlen
- » Muskatnuss, frisch gerieben
- » 2 Büffelmozzarella

Reichlich gut gesalzenes Wasser in einem großen Topf zum Kochen bringen. Die Maccheroni nach Packungsanweisung kochen, jedoch die Garzeit um 2–3 Minuten verkürzen, sodass die Pasta sehr bissfest bleibt. Dann die Pasta abgießen und beiseitestellen.

Getrocknete Steinpilze in eine Schüssel geben, mit kochendem Wasser übergießen, bis sie vollständig bedeckt sind und 10 Minuten ziehen lassen. Mangold waschen und trocknen. Strunk entfernen, die Blätter in feine Streifen und die Stiele in kleine Würfel schneiden. Die Champignons putzen. Kleine Champignons halbieren und größere vierteln. Die Blätter vom Majoran bzw. Oregano abzupfen.

Backofen auf 200 °C Ober-Unterhitze vorheizen. Olivenöl in einer Pfanne erhitzen und Knoblauch sowie Mangoldstiele darin bei mittlerer Hitze etwa 5 Minuten anschwitzen. Dann die Mangoldblätter hinzugeben und weitere 5 Minuten dünsten. Die Steinpilze abgießen und mit den Champignons zum Mangold geben. Für ein paar weitere Minuten dünsten, dann mit dem Weißwein ablöschen. Hitze reduzieren, Schlagsahne und Parmesan hinzugeben. Wenn der Parmesan mit der Soße verbunden ist, Maccheroni und die Oregano- oder Majoranblätter hinzugeben. Alles gut vermischen und mit Salz, Pfeffer sowie Muskatnuss abschmecken. Eine Auflaufform mit etwas Olivenöl einfetten und die Pasta-Gemüse-Mischung hineinfüllen. Den Büffelmozzarella grob zerrupfen und über dem Auflauf verteilen. In der mittleren Backofenschiene etwa 20–30 Minuten goldgelb backen. Nach Belieben vor dem Servieren mit frischen Oregano- oder Majoranblättern bestreuen. Dazu schmeckt am besten ein winterlicher Blattsalat aus Feldsalat, Chicorée und Radicchio.

Belgische Waffeln

mit heißen Vanillekirschen

Die Schweden sind schon ein sehr sympathisches Völkchen. Denn während andere Länder ihre gesetzlichen Feiertage haben, werden in Schweden der Zimtschneckentag (4. Oktober) und der Waffeltag (25. März) zelebriert. Ehrlich gesagt kann ich Waffeln quasi fast zu jeder Jahres-, Tages- oder Nachtzeit essen. Sobald das Waffeleisen den Duft von Vanille und Zucker verströmt, ist es um mich geschehen. Offensichtlich läuft beim frischen Waffelduft vielen Menschen das Wasser im Munde zusammen, denn auf Volks- und Straßenfesten bilden sich die längsten Schlangen immer bei den Waffelständen. Besonders im Winter liebe ich nach einem ausgiebigen Spaziergang frische Belgische Waffeln mit heißen Kirschen.

Die Stückzahl richtet sich nach der Größe des Waffeleisens.

Für die Waffeln

» 2 Eier
» 125 g Butter
» 250 ml Milch
» 200 ml Wasser
» 8 g frische Hefe
» 60 g Rohrohrzucker
» 200 g Dinkelvollkornmehl oder Dinkelmehl, Type 630
» 200 g Weizenmehl, Type 550
» 1 TL Vanille, gemahlen
» 1 TL Weinsteinbackpulver
» 1 Prise Salz
» neutrales Pflanzenfett oder Butter für das Waffeleisen

Für die Vanillekirschen

» 150 ml Kirschsaft der eingelegten Bio-Sauerkirschen (z. B. von Alnatura)
» 3 TL Vanillepuddingpulver
» 300 g eingelegte, ungesüßte Bio-Sauerkirschen
» 25 g Rohrohrzucker
» ½ TL Vanille, gemahlen

Waffeleisen für Belgische Waffeln (rechteckig)

Für den Waffelteig die Eier trennen. Butter bei geringer Hitze in einem Topf schmelzen. Milch und Wasser hinzugeben und lauwarm erwärmen. Hefe und Rohrohrzucker in der lauwarmen Flüssigkeit auflösen. Beide Mehlsorten mit Vanille, Weinsteinbackpulver und Salz vermischen. Hefe-Milch-Mischung, Eigelb und Mehlmischung zu einem glatten Teig rühren.
In einer separaten Schüssel das Eiweiß steif schlagen und mit einem Schneebesen vorsichtig unter den Teig heben. Den Waffelteig 20 Minuten bei Zimmertemperatur ruhen lassen.

Für die Vanillekirschen 50 ml Kirschsaft mit Vanillepuddingpulver verquirlen. Sauerkirschen, restlichen Kirschsaft, Rohrohrzucker und Vanille in einem Topf zum Kochen bringen. Unter Rühren das Puddingpulver hinzugeben und kurz aufkochen.

Waffeleisen erhitzen, einfetten und die Waffeln portionsweise etwa 3–5 Minuten goldgelb backen. Auf diese Art fortfahren, bis der Teig verbraucht ist. Die Waffeln mit den heißen Vanillekirschen und nach Belieben mit geschlagener Schlagsahne oder Vanillesoße servieren.

Amis Mandelkuchen

Ein blitzschneller Blechkuchen für jede Jahreszeit

In meiner Familie wird unsere Großmutter „Ami“ genannt, weil meine Cousine als kleines Mädchen lieber „Ami“ statt Omi zu ihr sagte. Dieser Mandelkuchen ist einer der Lieblingskuchen meiner Großmutter – also von Ami. Besonders als ihre Augen mit der Zeit schlechter wurden, wusste sie die Einfachheit und Genialität dieses Kuchens besonders zu schätzen. Die Zutaten werden nämlich mit einem Sahnebecher abgemessen, so dass man keine Waage zum Abwiegen der Zutaten benötigt. So wusste Ami das Rezept schnell auswendig und konnte den Kuchen jederzeit ganz unkompliziert für spontane Besucher backen. Darüber hinaus ist dieser Mandelkuchen schön saftig und hält sich gut über mehrere Tage im Kühlschrank frisch.

Für 1 Backblech

Für den Teig

» 1 Becher Schlagsahne (200 g)
» 3 Eier
» ½ Sahnebecher Rohrohrzucker
» ½ TL Vanille, gemahlen
» 2 Sahnebecher Dinkelmehl, Type 630
» 2 TL Weinsteinbackpulver
» 1 Prise Salz

Für den Belag

» 1 Stück Butter (250 g)
» ⅔ Sahnebecher Puderzucker
» 2 Pakete Mandeln, gehobelt (200 g)

Backblech (35 x 40 cm)

Backofen auf 180 °C Ober-Unterhitze vorheizen. Den kompletten Becher Schlagsahne in ein kleines Gefäß umschütten. Den Sahnebecher mit heißem Wasser ausspülen und mit einem Küchenhandtuch gut trocknen. Den Becher nun als Maß zum Abmessen der Zutaten verwenden.

Für den Teig in einer großen Schüssel Eier, Rohrohrzucker und Vanille mit den Quirlen eines Handmixers mehrere Minuten stark aufschlagen, bis die Masse hellgelb wird. Schlagsahne unter Rühren dazugeben. Dinkelmehl mit Weinsteinbackpulver und Salz mischen und sieben. Die Mehlmischung zum Teig geben und nur kurz verrühren, bis alles vermischt ist. Den Teig mit einem Teigschaber auf einem mit Backpapier ausgelegten Backblech verteilen – dabei einen Randabstand von etwa 1 cm frei lassen. Den Boden nun etwa 10–12 Minuten in der 2. Backofenschiene von oben vorbacken.

Währenddessen für den Belag die Butter in einem Topf schmelzen, Puderzucker hinzugeben und ein wenig karamellisieren lassen. Mandeln hinzufügen und gut verrühren. Das Blech wieder aus dem Backofen holen und die Mandeln gleichmäßig mit einem Teigschaber darauf verteilen. Den Kuchen für etwa 12–14 Minuten zu Ende backen, sodass die Mandeln goldgelb sind.

Snowflake-Shortbread

mit Vanille & Kardamom

Für eine Form (23 x 23 cm)

Für den Teig

- 120 g kalte Butter
- 50 g Rohrohrzucker
- 150 g Dinkelmehl, Type 630
- 50 g Reismehl
- ½ TL Vanille, gemahlen
- ½ TL Kardamom, frisch gemahlen
- eine kräftige Prise Meersalz
- etwas Butter und Mehl für die Backform

Für die Dekoration

- etwas Puderzucker

quadratische Shortbread-Backform (z. B. Nordic Ware in 23 x 23 cm)

Alle Teigzutaten rasch zu einem groben Mürbteig verkneten. Zu einer Kugel formen, in Frischhaltefolie wickeln und etwa 30 Minuten im Kühlschrank ruhen lassen.

Backofen auf 175 °C Umluft vorheizen. Die Shortbread-Backform mit etwas Butter einfetten und mit Mehl ausstäuben. Den Teig gut in die Form drücken. Das Shortbread in der mittleren Backofenschiene etwa 30 Minuten backen, bis es goldgelb ist.

Anschließend das Shortbread 5 Minuten in der Form auskühlen lassen. Dann ein Brett über die Form legen und mit einer raschen 180°-Drehung stürzen. Vor dem Servieren mit Puderzucker bestäuben.

Heiße Schokolade

Mit Sahne, bitte!

Für 2 Portionen

- 600 ml fettarme Milch
- ½ TL Vanille, gemahlen
- 1 EL Kakaopulver, ungesüßt
- 70 g dunkle Schokolade (70% Kakaoanteil), gehackt

Zum Servieren

- 100 ml Schlagsahne, geschlagen
- 2 TL dunkle Schokolade (70% Kakaoanteil), gehackt

In einem Topf Milch, Vanille und Kakaopulver unter gelegentlichem Rühren erhitzen. Schokolade dazugeben und in der Milch auflösen. Inzwischen die Sahne steif schlagen. Die heiße Schokolade mit einem Schneebesen kräftig durchrühren, dann in 2 Gläser oder Tassen füllen. Mit einem Löffel eine ordentliche Portion Schlagsahne auf die heiße Schokolade geben und mit einigen Schokoladenstücken bestreut servieren.

BONNE ANNÉE
BONNE ANNÉE

Let's Misbehave

Das Beste kommt oftmals bekanntlich zum Schluss ... Silvester ist ein wunderbarer Anlass, um das Jahr mit einer glamourösen Party ausklingen zu lassen. Elegant gekleidet machen die Ladies und Gentlemen eine kleine Zeitreise in das wilde Paris der goldenen 1920er Jahre, wo in opulenten Nächten Cole Porter, Ernest Hemmingway, Zelda und F. Scott Fitzgerald, Pablo Picasso, Man Ray und Josephine Baker aufeinander trafen. Nach feinstem herzhaften und zuckersüßen Fingerfood wird im Champagnerrausch zu Cole Porter's „Let's Misbehave" ein flotter Charleston aufs Parkett gelegt und das neue Jahr schwungvoll begrüßt.

Cheers!

Aperitif-Financiers

mit Paprika und Thymian

Die kleinen, saftigen Goldbarren mit Mandeln – genannt „Financiers“ – sind in der süßen Variante sehr verbreitet und auch als „Visitandines“ bekannt. Aber auch ein pikantes Gesicht steht ihnen sehr gut. Ein Hauch Chili kitzelt ein wenig am Gaumen und ergibt mit den sanft geschmorten Paprikastücken eine Traumkombination!

Für etwa 45 Stück

Für den Teig

» 100 g Butter
» 75 g Mandeln, blanchiert und gemahlen
» 30 g Dinkelmehl, Type 630
» 1½ TL Weinsteinbackpulver
» eine Prise Chilipulver
» 1 TL Paprikapulver
» 3 Eier, getrennt
» ½ TL Salz
» 50 g Pecorino oder Parmesan, frisch gerieben
» etwas flüssige Butter und Mehl für die Backform

Für die Füllung

» 120 g rote Paprika
» 1 EL Olivenöl
» 1 EL Thymian, gehackt
» 1 TL Oregano, getrocknet

Mini-Financier-Backform (Muldengröße 2,5 x 4,5 cm)

Backofen auf 180 °C Ober-Unterhitze vorheizen. Butter bei geringer Hitze in einem Topf schmelzen und als helle Nussbutter (Beurre noisette) bräunen. Dann etwas abkühlen lassen.

Für die Füllung Paprika waschen, vierteln, Kerngehäuse entfernen und in kleine Stücke schneiden. Olivenöl in einer Pfanne erhitzen und die Paprikastücke etwa 10 Minuten bei kleiner Hitze dünsten, dann Thymian sowie Oregano untermischen und auskühlen lassen.

Gemahlene Mandeln, Dinkelmehl, Weinsteinbackpulver, Chili- und Paprikapulver in einer Schüssel vermischen. Die Eier trennen. Eiweiß und Salz in einer separaten Schüssel steif schlagen. In einer weiteren Schüssel Eigelb verquirlen und langsam die abgekühlte Nussbutter hinzugeben. Hierbei sollte die Butter nur noch lauwarm sein, sonst gerinnt das Eigelb. Mandel-Mehl-Mischung auf die Eigelb-Butter-Mischung geben und kurz verrühren. Die Hälfte des Eischnees mit einem Schneebesen vorsichtig unterheben. Nun den geriebenen Käse untermischen und dann das restliche Eiweiß vorsichtig unterheben.

Die Mulden der Financier-Backform mit etwas Butter einpinseln, mit Mehl ausstäuben und den Teig maximal ⅔ hoch einfüllen. In die Mitte von jedem Financier ein paar Paprikastücke geben. Die Financiers portionsweise in der mittleren Backofenschiene etwa 12–15 Minuten backen, bis sie wie kleine Goldbarren aussehen. Aus der Form nehmen und auf einem Kuchengitter auskühlen lassen und am besten frisch bzw. lauwarm servieren.

BONNE ANNÉE

Bei der Einladung für den großen Abend darf gerne erwähnt werden, dass ein stilechtes Partyoutfit der Gäste willkommen ist.

In einer kleinen Papierbox befindet sich für jeden Gast die richtige Ausstattung für den großen Moment: Wunderkerzen, Luftschlangen und eine Glückskleefigur für das Bleigießen.

Eine glitzernde Vintage-Girlande ziert einen alten Garderobenständer und sorgt für festliche Stimmung.

Für unvergessliche Erinnerungsfotos an den Abend liegt ein originelles Photo Booth Kit bereit, das selbst gebastelt werden kann.

Printable
Photo Booth Kit
☞ S. 109

Kräuter-Gougères

mit Mohn & Sesam

Gougères sind kleine herzhafte Windbeutel, die in Frankreich gerne zum Aperitif serviert werden. Die süßen Schwestern der Gougères sind die Chouquettes, die vor dem Backen mit Hagelzucker bestreut werden. Statt reifen Comté zu verwenden, wandele ich das Rezept gerne mit einer kleinen italienischen Note – in Form von Parmesankäse und mediterranen Kräutern – ab. Sie sind ein perfekter Fingerfood-Begleiter zum Silvesterabend!

Für etwa 40–50 Stück

Für den Brandteig

- 125 ml Milch
- 125 ml Wasser
- 100 g Butter
- 1 TL Salz
- 1 Prise Chilipulver
- etwas Muskatnuss, frisch gerieben
- 170 g Dinkelmehl, Type 630
- 4 Eier
- 50 g Pecorino oder Parmesan, frisch gerieben
- 1 EL Rosmarin, gehackt
- 1 EL Thymian, gehackt

Zum Bestreuen

- 25 g Pecorino oder Parmesan, frisch gerieben
- schwarzer Sesam
- heller Sesam
- Mohn

Spritzbeutel mit Lochtülle (12 mm)

Backofen auf 180 °C Ober-Unterhitze (Umluft ungeeignet) vorheizen. Milch, Wasser, Butter, Salz, Chilipulver und etwas Muskatnussabrieb in einem Topf zum Kochen bringen. Vom Herd nehmen, das Mehl dazugeben, dabei sehr kräftig und schnell mit einem Kochlöffel rühren. Den Teig eine Minute unter Rühren erneut erhitzen, bis er sich von selbst vom Topfboden löst.

Den Teigkloß in eine Schüssel geben, mit dem Handmixer glatt rühren und etwas abkühlen lassen. Nacheinander die Eier einzeln dazugeben und weiterrühren, bis ein zähflüssiger Teig entsteht. Dann den Pecorino oder Parmesan sowie die gehackten Kräuter unterrühren.

Den Teig in einen Spritzbeutel mit Lochtülle (12 mm) füllen. Zwei Backbleche mit Backpapier auslegen. Mit genügend Abstand Kreise mit etwa 2,5–3 cm Durchmesser auf das Blech spritzen. Falls hohe Spitzen entstehen, diese mit befeuchteten Fingern vorsichtig glatt streichen. Nun die Gougères nach Herzenslust mit Käse, Sesam und Mohn bestreuen. Dann die Gougères im Backofen etwa 20–25 Minuten in der 2. Backofenschiene von oben goldgelb backen. Am besten lauwarm servieren.

Gougères kann man auch gut vorbereiten: Dafür das Gebäck einfrieren. Nach Bedarf die kleinen Bällchen auftauen und etwa 5 Minuten bei 150 °C Ober-Unterhitze aufbacken.

Oh là là!

Tomaten-Galettes

mit schwarzen Oliven & Rosmarin

Als die französische Pizzavariante könnte man die Galette bezeichnen. Sie wird mit einem knusprigen Mürbteigboden gebacken und lässt sich sowohl süß als auch herzhaft genießen. In meiner Miniatur-Fassung ergänzen Rosmarin und grüne Fenchelsamen wunderbar das Tomatenaroma. Der erste, köstliche Biss lässt die Gäste von milden Abenden an der Côte d'Azur träumen.

FÜR 12 STÜCK (Ø 10 CM)

Für den Teig

- 320 g Dinkelmehl, Type 630
- 100 g Maismehl
- 1 TL Salz
- 120 g kalte Butter
- 70 g Joghurt (1,5% Fett)
- 100 ml eiskaltes Wasser

Für den Belag

- 500 g Kirschtomaten
- 200 g Ziegenfrischkäse(-Taler)
- 50 g Semmelbrösel
- 50 g Parmesan, frisch gerieben
- 36 schwarze Oliven mit Stein
- Salz
- schwarzer Pfeffer, frisch gemahlen
- Olivenöl
- 2 EL Rosmarin, gehackt
- 1 TL grüne Fenchelsamen

Zum Servieren

- ein kleines Bund Rucola

Für den Teig beide Mehlsorten, Salz und Butter mit den Händen krümelig verkneten. Joghurt und Wasser verquirlen, untermischen und kurz zu einem groben Teig kneten. Zu einer Kugel formen, in Frischhaltefolie wickeln und für 1 Stunde im Kühlschrank ruhen lassen.

Backofen auf 200 °C Ober-Unterhitze vorheizen (Umluft nicht geeignet). Tomaten waschen und halbieren. Ziegenfrischkäse in kleine Stücke schneiden. Den Teig in 12 gleich große Kugeln teilen und auf einer bemehlten Arbeitsfläche zu Kreisen von ca. Ø 14 cm ausrollen. Die Teigkreise auf zwei mit Backpapier ausgelegte Backbleche verteilen.

Auf jeder Galette zuerst ein paar Semmelbrösel, dann Tomatenhälften, Parmesankäse, Ziegenfrischkäsestücke und 3 schwarze Oliven verteilen. Dabei einen Randabstand von ca. 2 cm frei lassen. Den Belag etwas salzen, pfeffern und mit einem Schuss Olivenöl beträufeln. Dann den gehackten Rosmarin und die Fenchelsamen darüber streuen. Den Rand über jede Galette schlagen und fest andrücken. Die Galettes in der mittleren Backofenschiene ca. 25 Minuten goldbraun backen. Vor dem Servieren mit ein paar Rucolablättern belegen.

Miss Sophie's Champagne Cupcakes

An Silvester darf im Hause Herzblut eine Tradition nicht fehlen – und zwar den Klassiker „Dinner for One" schauen. Die berühmte Fernsehproduktion stammt aus dem Jahr 1963, obwohl der Autor Lauri Wylie den Sketch bereits in den 1920er Jahren geschrieben hat. Daher ist es nicht verwunderlich, dass man als Swingliebhaber früher oder später auf den Song „Dinner for One Please, James!" vom Ray Noble Orchestra aus dem Jahr 1935 – mit Glenn Miller an der Posaune – stößt. Dieses Rezept widme ich Miss Sophie und ihrem Butler James. Ich bin mir sicher, dass ihnen diese beschwipsten Cupcakes besonders gut gefallen hätten …

Für etwa 12 Cupcakes

Für den Teig

» 75 g weiche Butter
» 75 g Rohrohrzucker
» 1 TL Vanille, gemahlen
» 3 Eier
» 150 g Dinkelmehl, Typ 630
» 2 TL Weinsteinbackpulver
» 1 Prise Salz
» 75 ml Champagner, Prosecco oder Sekt (trocken)

Für das Frosting

» 90 g weiße Schokolade
» 50 ml Schlagsahne
» 1 EL Champagner, Prosecco oder Sekt (trocken)
» 200 g Frischkäse (Doppelrahmstufe)

Für die Dekoration – optional

» Blaumohn

12er Muffinform (Muldengröße Ø 5 cm), Papierformen, Spritzbeutel, Blütentülle (z. B. Wilton #2D)

Für das Frosting die weiße Schokolade hacken und in ein hohes Gefäß geben. In einem Topf die Schlagsahne zum Kochen bringen und über die Schokolade gießen. Mit einem Löffel glatt rühren, bis sich die Schokolade komplett aufgelöst hat. Die Schokoladensahne auf Zimmertemperatur abkühlen lassen, dann mit dem Handmixer aufmixen. Den Champagner oder Prosecco sowie den Frischkäse untermischen und bis zur Verwendung mindestens eine halbe Stunde lang in den Kühlschrank stellen.

Backofen auf 175 °C vorheizen. In einer Schüssel Butter, Rohrohrzucker und Vanille einige Minuten kräftig aufschlagen, bis die Butter fluffig und weiß wird. Einzeln und nacheinander die 3 Eier unter Rühren hinzugeben. Dinkelmehl, Weinsteinbackpulver und Salz mischen und sieben. Die Mehlmischung und den Champagner oder Prosecco portionsweise unter Rühren zum Teig geben. Eine Muffinform mit Papierförmchen auslegen und den Teig maximal ⅔ hoch einfüllen. Die Cupcakes in der mittleren Backofenschiene für etwa 18–20 Minuten backen.

Das Frosting in einen Spritzbeutel mit Blütentülle füllen und auf jeden Cupcake von außen beginnend einen Tuff setzen. Nach Belieben mit ein paar Mohnsamen bestreuen.

Milk & Butter Mini-Donuts

mit Zitronenglasur & Konfetti

In Norddeutschland werden an Silvester nach Mitternacht gerne „Berliner“ (in Berlin: Berliner Pfannkuchen oder Berliner Ballen) verspeist. Für die Namensgebung ist ein Berliner Zuckerbäcker verantwortlich. Dieser sollte im Jahr 1750 als Kanonier unter Friedrich dem Großen dienen. Nachdem sich der Pâtissier als wehruntauglich erwiesen hatte, begleitete er das Regiment als Feldbäcker. Er backte voller Dankbarkeit dafür Kanonenkugeln, die man essen konnte – eben Berliner. Im Prinzip ist der Donut ein Berliner mit einem Loch in der Mitte, welcher auch aus Hefeteig oder Rührteig besteht und in Fett ausgebacken wird. Zu Silvester reiche ich statt der klassischen Berliner gerne Mini-Donuts, die sich ganz schnell im Backofen zaubern lassen.

Für etwa 48 Mini-Donuts (4,3 cm Durchmesser)

Für den Teig
- 70 g weiche Butter
- 50 g Ahornsirup
- 1 TL Vanille, gemahlen
- 2 Eier
- 200 g Dinkelmehl, Type 630
- 1 TL Weinsteinbackpulver
- ½ TL Salz
- 100 ml Buttermilch
- Schalenabrieb einer Bio-Zitrone
- etwas Butter und Mehl für die Backform

Für die Zitronen-Glasur
- 120 g Puderzucker
- 2½ EL Zitronensaft

Für die Dekoration – optional
- Zuckerdekor-Konfetti

24er Mini-Donut-Backform (Muldengröße Ø 4,3 cm)

Backofen auf 175 °C vorheizen. In einer Schüssel Butter, Ahornsirup und Vanille einige Minuten kräftig aufschlagen, bis die Butter fluffig und weiß wird. Einzeln und nacheinander die Eier unter Rühren hinzugeben. Dinkelmehl, Weinsteinbackpulver und Salz mischen und sieben. Die Mischung mit der Buttermilch und der Zitronenschale portionsweise unter Rühren zum Teig geben.

Die Mulden der Mini-Donut-Backform mit etwas Butter einpinseln, mit Mehl ausstäuben und den Teig maximal ⅔ hoch einfüllen. Die Mini-Donuts in der mittleren Backofenschiene für etwa 12–14 Minuten backen.

Puderzucker sieben und mit dem Zitronensaft zu einer dickflüssigen Glasur anrühren. Damit die Mini-Donuts überziehen. Nach Belieben mit schwarzem Zuckerdekor-Konfetti dekorieren.

BONNE ANNÉE
BINOR

Klein, aber fein

Bei den Größen meiner Backwerke halte ich es gerne wie die Franzosen: klein, aber fein. Backen ist für mich etwas Besonderes zum Verwöhnen. Daher backe ich meine Torten stets nur mit kleinen Backformen von 13 cm Durchmesser (z. B. „Pushpan", 13 cm, von Lakeland). Diese kleinen, feinen Torten reichen je nach Appetit für 6–8 Personen. Die Rezepte funktionieren auch mit größeren Backformen mit 14 oder 15 cm Durchmesser (z. B. „Layer Cake Pan", 15 cm, von Wilton). Dann werden die Torten nur etwas niedriger oder erhalten weniger Schichten. Unter dem Suchbegriff „Umrechnungstabelle Kuchenformen" finden sich im Internet zahlreiche Adressen für praktische Umrechnungstabellen, falls Sie die Rezepte für größere Backformen verwenden möchten.

Torten backen und zusammensetzen

Optimale Backergebnisse lassen sich am besten erzielen, wenn Zutaten wie Eier und Butter Zimmertemperatur besitzen. Tortenböden backe ich lieber einzeln, da ein großer, hoher Boden durch eine längere Backzeit schneller austrocknet. Die Teigmenge pro Boden wiege ich vorher ab und erhalte auf diese Art gleichmäßig hohe Böden. Sie können den Boden – falls Sie nur eine Backform besitzen – auch in nur einem Durchgang backen, jedoch verlängert sich dann die Backzeit. Wenn man häufig Torten backt, lohnt sich die Anschaffung von mehreren gleich großen Backformen (z. B. erhältlich bei Lakeland und Mein Cupcake). Die Tortenböden backe ich gerne einen Tag im Voraus und bewahre sie in Frischhaltefolie eingewickelt im Kühlschrank auf. Einige Cremes und Tortenfüllungen lassen sich ebenfalls einen Tag vorher zubereiten. Bevor ich eine Torte zusammensetze, lege ich alle Böden probeweise übereinander und begradige sie ggf. mit einem scharfen Messer. Der oberste Tortenboden wird stets mit der Unterseite nach oben gelegt, so erhält die Torte eine gerade Oberfläche. Sobald die Torte zusammengesetzt ist, bekommt sie eine erste, sehr dünne Schicht Frosting, um Krümel zu binden und Unebenheiten auszugleichen. Dann lasse ich sie 30 Minuten im Kühlschrank ruhen, damit die erste Schicht etwas aushärten kann, bevor die finale Schicht folgt. Mit einer Palette, die während des Verstreichens immer wieder in heißem Wasser gesäubert und mit einem Küchenhandtuch abgetrocknet wird, wird die Tortenoberfläche schön glatt.

Zutaten

Die Qualität der Zutaten liegt mir besonders am Herzen. Für meine Rezepte benutze ich möglichst naturbelassene, regionale und saisonale (Bio-)Zutaten von vertrauten Anbietern oder mit Bioland-, Naturland- und Demeter-Siegel: Butter, Schlagsahne, Milch, Rohrohrzucker oder Vollrohrzucker, Puderzucker aus Rohrohrzucker, Bio-Vanillezucker aus Rohrohrzucker, Maisspeisestärke, Dinkelmehl (Type 630) und Vollkornmehl sowie Eier aus Freilandhaltung bzw. Eier aus spezialisierter Hühnerzucht, die die Aufzucht von Hähnen unterstützt (z. B. Haehnlein). Pfeffer und Gewürze kaufe ich nach Möglichkeit nicht in pulverisierter Form, sondern mahle oder reibe sie nach Bedarf selbst. Daher ist mein massiver Mörser aus Stein einer meiner treusten Küchenbegleiter. Bio-Zutaten sind oft aromatischer und besitzen eine bessere Konsistenz. Darüber hinaus enthalten sie weniger Pestizide und schonen im Anbau die Umwelt. Rohrohrzucker und Vollrohrzucker enthalten ein paar mehr Vitalstoffe als weißer raffinierter Zucker. Selbstverständlich kann jeder nach seiner eigenen Fasson backen – auch mit herkömmlichen (weißen) Mehl- und Zuckersorten. Die Rezepte werden ebenso gut gelingen. Gemüsebrühe koche ich möglichst selbst oder achte bei gekörnter Bio-Gemüsebrühe darauf, dass sie keinen Hefezusatz o. ä. enthält. Bei Schokolade fällt meine Wahl generell auf qualitativ gute Bio-Schokolade (z. B. von Rapunzel oder Vivani). Bei Marmelade bevorzuge ich selbst gekochte oder Bio-Marmeladen mit hohem Fruchtanteil (70%) und Agavendicksaft (z. B. von Zwergenwiese) statt Zucker. Fruchtpulver wie Himbeerpulver gibt es online bei „Spice for Life" (www.spiceforlife.de). Gemahlene Vanille gibt es von den Marken Alnatura und Biovegan. Rosen- und Orangenblütenwasser erhalten Sie in der Apotheke.

Printables

In diesem Buch befinden sich einige von mir illustrierte und gestaltete Printables, die als PDF-Datei zum Download und Nachbasteln auf meinem Blog erhältlich sind. Diese sind im Buch mit kleinen Hinweisen gekennzeichnet. Das jeweilige Printable findet sich online mit der identischen Bezeichnung unter dem folgenden Link wieder:

www.frauherzblut.de/printables

Viel Freude beim Nachbasteln!

Haben Sie Lust auf mehr von Frau Herzblut? Entdecken Sie viele neue Ideen für die warme Jahreszeit im ersten Band:

Frau Herzblut
„Feine Köstlichkeiten & liebevolle Stylingideen“
von Carolin Strothe
112 Seiten, ca. 65 Farbfotos, mit handgefertigten Illustrationen
Busse Collection
ISBN 978-3-512-04055-9
€ 18,95 (D) € 19,50 (A) 27,50 CHF (CH)

Herzlichen Dank

Von Herzen danke ich ganz besonders meinem Mann Sebastian Keitel– „Herrn Herzblut“ – und meiner Mutter für die liebevolle und ausdauernde Unterstützung. Ein besonderer Dank gilt meinem Cousin Uwe Meilahn für das Textkorrektorat, Familie Oesterlen und Familie Kücheknecht für die schönen Requisiten-Leihgaben sowie Birgit Thissen-Ackermann, Melanie Follmer und Nina Gleich, die auf spontane Requisiten-Anfragen stets blitzschnell reagierten und mich zudem sehr herzlich unterstützt haben! Darüber hinaus danke ich meinen großartigen Bloglesern und vielen lieben weiteren Menschen, die mich treu auf meinem Weg begleiten.

Frische, neue Ideen gibt es regelmäßig auf dem Blog von Frau Herzblut:

www.frauherzblut.de

Unter dem Label ...F – gesprochen 3punktF – stellt die studierte Textildesignerin und Keramikerin Melanie Follmer zauberhafte, handgefertigte Keramik mit ganz besonderem Charme und einem hohen Designanspruch her. Jedes Stück ist einzigartig als auch individuell und wird mit viel Liebe hergestellt.

☞ www.3punktf.de

Buchumschlag: rosa- und türkisfarbene Tortenplatten und Servierplatte; S. 8, 16–17, 19, 22: rosa Tortenplatte(n); S. 12, 16–17: türkisfarbene Tortenplatte ; S. 25: rosa Teller; S. 36: graue Tortenplatte; S. 48: kleine weiße und rosa Etagere; S. 70: weiße Tortenplatte; S. 76: kleine weiße Tortenplatte; S. 82: weißer großer Teller

Garn & Mehr bietet Garne in über 45 wunderschönen Farbstellungen. Hergestellt in einer traditionellen Zwirnerei in Deutschland, größtenteils aus 100% Baumwolle Oeko-Tex® zertifiziert. Specials in Gold, Silber und Kupfer, in Neon und aus reinem Leinenzwirn. Verwendbar für unendlich viele DIY-Projekte für „tausend Möglichkeiten dein Leben zu verschönern".

☞ www.garn-und-mehr.de

S. 14: rosafarbenes Garn; S. 22–23: rosa- und türkisfarbenes Garn; S. 50–51: schwarzes Garn; S. 54: verschiedene Garne, Garnrollenhalter aus Holz; S. 56: schwarzes Garn, Box aus Kraftpapier

„Nostalgie im Kinderzimmer" steht nicht nur für die nostalgische Note im Kinderzimmer, sondern hat drumherum noch so einiges zu bieten. Von außergewöhnlichen Lieblingen für Hobby-Innenarchitekten, einer großen Auswahl für Tisch und Küche über Fundstücke für den ein oder anderen Naturliebhaber, bis hin zu Taschen und Accessoires für die Fashion-Victims von morgen.

☞ www.nostalgieimkinderzimmer.de

S. 60: weiße Teller; S. 62–63: weiße Teller; S. 66: weißer Teller; S. 68: weißer Teller links; S. 72: Thermoskanne; S. 78: kleine Rautenbecher

Partyerie

Partyerie steht für eine ganze Welt voller schöner Dinge, die das Leben bunter und schöner machen. Wir haben Dekorations- und Partyartikel für außergewöhnliche Geburtstagsfeiern, Hochzeiten, Taufen und jede andere Festlichkeit in allen fancy Farben. Darüber hinaus Accessoires für den angesagten Sweet Table bis hin zu den herrlichsten Dingen für eine ganz klassisch oder kreativ geschmückte Tafel. Und das einfach in jedem gewünschten Look, ob vintage, chic, cool oder bohemian. Party your life with us!

☞ www.shoppartyerie.de

S. 42: weiß-graue Tortenplatte; S. 54: Ball Mason Gläser, Masking Tape „Sterne"; S. 97: weiße Buchstabengirlande „Vintage"

LE CREUSET®

Design, Innovation und beste Qualität aus Tradition – dafür stehen die Produkte von Le Creuset: Seit 90 Jahren ist das französische Traditionsunternehmen in den besten Küchen der Welt zu Hause und sorgt mit seinem farbenfrohen und vielfältigen Sortiment für unverwechselbaren Genuss und Stil in der Küche.

☞ www.lecreuset.de

S. 80: runder Bräter (20 cm) in Creme

Miss Étoile

Hier sind Fantasie, Tagträume und Märchenvorstellungen erlaubt und erwünscht. Eine Welt voller Glamour, Glanz, Romantik und Überraschungen, die jeden grauen Tag mit Freude füllen – ein Schlaraffenland voller Augenzwinkern und Augenklimpern! Schreibe Dein eigenes Märchen – mit Miss Étoile!

☞ www.missetoile.de

S. 92: gepunktete Servierplatte

Weitere Bezugsquellen

Lakeland ☞ www.lakeland.de

Mein Cupcake ☞ www.meincupcake.de

Sweet Laura ☞ www.sweet-laura.de

LONDON
2015
ENGLAND
Jam
TEA TIME
CLOTTED CREAM
Cream